AF401367

L'INDICATEUR FIDÈLE
ou Guide des Voyageurs,

QUI ENSEIGNE

Toutes les Routes Royales et Particulières de la France, Routes levées Topographiquement dès le Commencement de ce Siècle, et Assujetties à une Graduation Géometrique,

CONTENANT

Toutes les Villes, tous les Bourgs, Villages, Hameaux, Fermes, Châteaux, Abbayes, Communautés, Eglises, Chapelles, et autres Maisons Religieuses ; les Moulins, les Hotelleries, les Justices, et les Limites des Provinces, les Fleuves, les Rivières, les Ruisseaux, les Etangs, les Marais, les Ponts, les Gués, les Montagnes, les Bois, les Jardins, les Parcs, les Avenües, et les Prairies traversés par les Grandes Routes &c.

ACCOMPAGNÉ

D'Un Itinéraire Instructif et raisonné sur chaque Route, qui donne le Jour et l'heure du Départ, de la Dinée et de la Couchée tant des COCHES par Eau, que des CAROSSES, DILIGENCES et MESSAGERIES du Royaume, avec le Nombre des Lieues que ces différentes Voitures font chaque jour.

DRESSÉ PAR LE SIEUR MICHEL,

Ingénieur Géographe du Roy à l'Observatoire.

Mis au Jour et Dirigé Par Le Sr DESNOS Ingénieur Géographe pour les Globes Spheres et Instrumens de Mathematiques

A PARIS,
Rue St. Jacques à l'Enseigne du Globe.
Avec Privilége du Roy.
M.D.CC.LXV.

F N.º 468.

A MONSIEUR CASSINI
DE THURY
SEIGNEUR DE VILLETANEUSE,
Directeur de l'Observatoire Royal,
Maître des Comptes.
ASSOCIÉ
Des Académies des Sciences de PARIS,
LONDRES, BERLIN, MUNICH. &c. &c.
DÉDIÉ ET PRÉSENTÉ
Par son très humble & très obéissant Serviteur,
Lou. S.t Michel a Sanoa, Ingénieurs Géographes.
AVEC PRIVILEGE DU ROY.
M. DCC.LXXII.

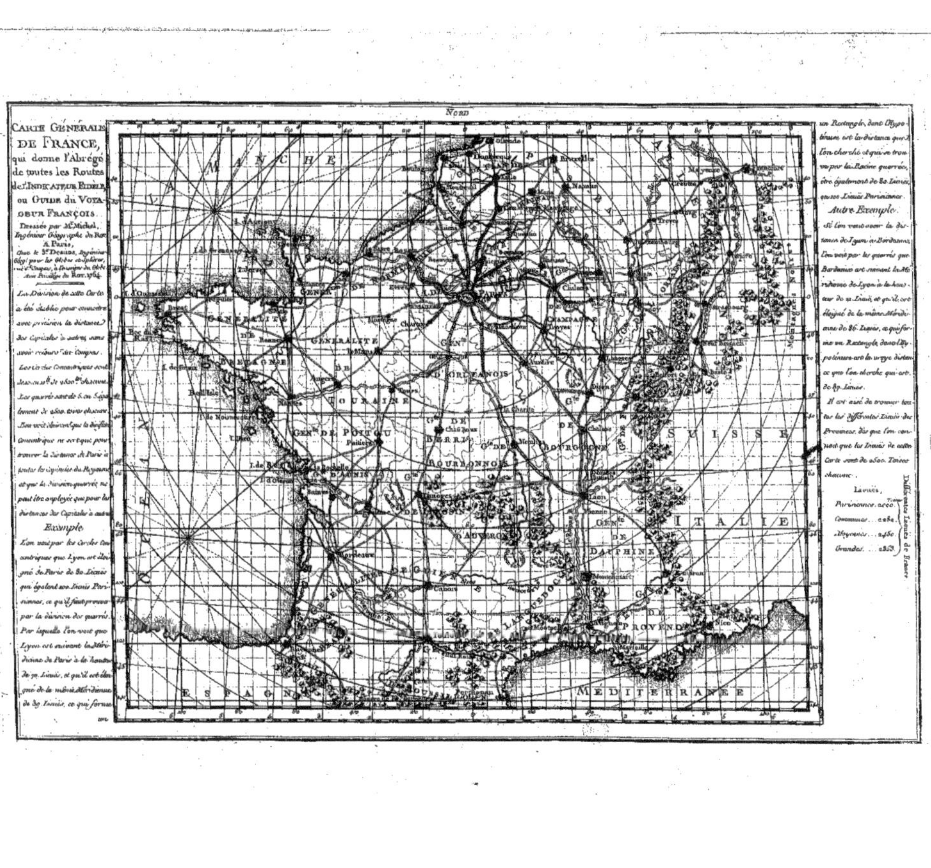

CARTE GÉNÉRALE DE FRANCE,
qui donne l'Abrégé de toutes les Routes
de l'INDICATEUR FIDELE
ou GUIDE du VOYAGEUR FRANÇOIS.
Dressée par Mr Michel,
Ingénieur Géographe du Roi
A Paris,
NORD
MANCHE
ESPAGNE
MÉDITERRANÉE
SUISSE
ITALIE

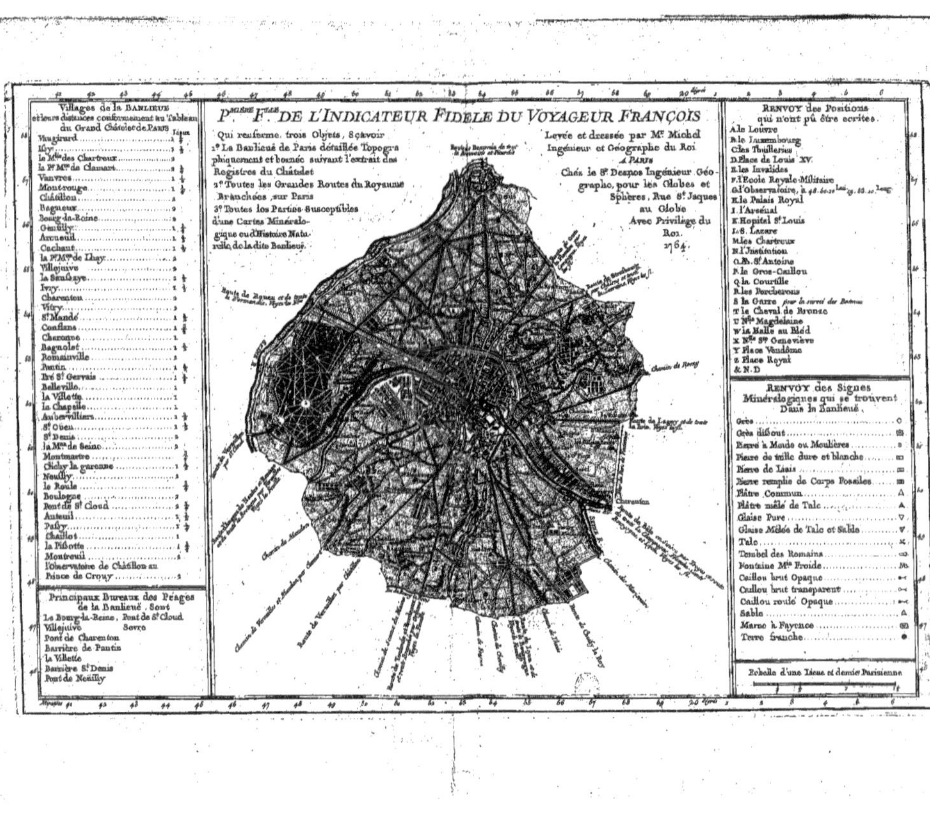

Villages de la BANLIEUE
et leurs distances conformement au Tableau
du Grand Châtelet de Paris — Lieux

Vaugirard .... 2 ½
Issy .... 2 ½
la M.on des Chartreux 2
la P.te M.on de Clamart .... 2 ½
Vanvres .... 1 ½
Montrouge .... 1 ½
Châtillon 2
Bagneux 2
Bourg-la-Reine 2
Gentilly .... 1 ½
Arcueil .... 1 ½
Cachant .... 1 ½
la P.te M.on de Lhay 2
Villejuive 2
la Saussaye .... 2 ½
Ivry .... 1 ½
Charenton 2
Vitry 2
S.t Mandé .... 1 ½
Conflans .... 1 ½
Charonne 1
Bagnolet .... 1 ½
Romainville 2
Pantin .... 1 ½
Pré S.t Gervais .... 1 ½
Belleville 1
la Villette 1
la Chapelle 1
Aubervilliers .... 2 ½
S.t Ouen .... 1 ½
S.t Denis 2
la M.on de Seine 2
Montmartre .... ½
Clichy la garenne .... 1 ½
Neuilly 2
le Roule .... ½
Boulogne 2
Pont de S.t Cloud .... 2 ½
Auteuil .... 2 ½
Passy .... 1 ½
Chaillot 1
la Pißotte .... 1 ½
Montreuil 2
l'Observatoire de Châtillon au
Prince de Crouy 2

Principaux Bureaux des Péages
de la Banlieuë, Sont
Le Bourg-la-Reine, Pont de S.t Cloud
Villejuive   Sevre
Pont de Charenton
Barrière de Pantin
la Villette
Barrière S.t Denis
Pont de Neuilly

P.re F.lle DE L'INDICATEUR FIDELE DU VOYAGEUR FRANÇOIS

Qui renferme trois Objets, Sçavoir
1.° La Banlieuë de Paris détaillée Topographiquement et bornée suivant l'extrait des
Registres du Châtelet
2.° Toutes les Grandes Routes du Royaume
Branchées, sur Paris
3.° Toutes les Parties Susceptibles
d'une Cartes Minéralo-
gique ou d'Histoire Natu-
relle de la dite Banlieuë.

Levée et dressée par M.r Michel
Ingénieur et Géographe du Roi
A PARIS
Chés le S.r Despos Ingénieur Géo-
graphe, pour les Globes et
Sphères, Rue S.t Jaques
au Globe
Avec Privilège du
Roi.
1764.

RENVOY des Positions
qui n'ont pû être écrites.
A.le Louvre
B.le Luxembourg
C.les Thuilleries
D.Place de Louis XV.
E.les Invalides
F.l'Ecole Royale-Militaire
G.l'Observatoire, à 48.50.30 Lati. 19.55.10 Long.
H.le Palais Royal
I.l'Arsénal
K.Hopital S.t Louis
L.S. Lazare
M.les Chartreux
N.l'Institution
O.B.S.t Antoine
P.le Gros-Caillou
Q.la Courtille
R.les Porcherons
S.la Garre pour la sûreté des Bateaux
T.le Cheval de Bronze
U.N.lle Magdelaine
W.la Halle au Blèd
X.N.lle S.te Geneviève
Y.Place Vendôme
Z.Place Royal
&.N.D

RENVOY des Signes
Minéralogiques qui se trouvent
Dans la Banlieuë.
Grès .... O
Grès dißout ....
Pierre à Meule ou Moulières ....
Pierre de taille dure et blanche ....
Pierre de Liais ....
Pierre remplie de Corps Fossiles ....
Plâtre Commun .... A
Plâtre mêlé de Talc .... A
Glaise Pure .... ∇
Glaise Mêlée de Talc et Sable .... ▼
Talc ....
Tombel des Romains ....
Fontaine M.te Froide ....
Caillou brut Opaque ....
Caillou brut transparent ....
Caillou roulé Opaque ....
Sable .... ▲
Marne à Fayence ....
Terre franche .... ●

Echelle d'une Lieue et demie Parisienne

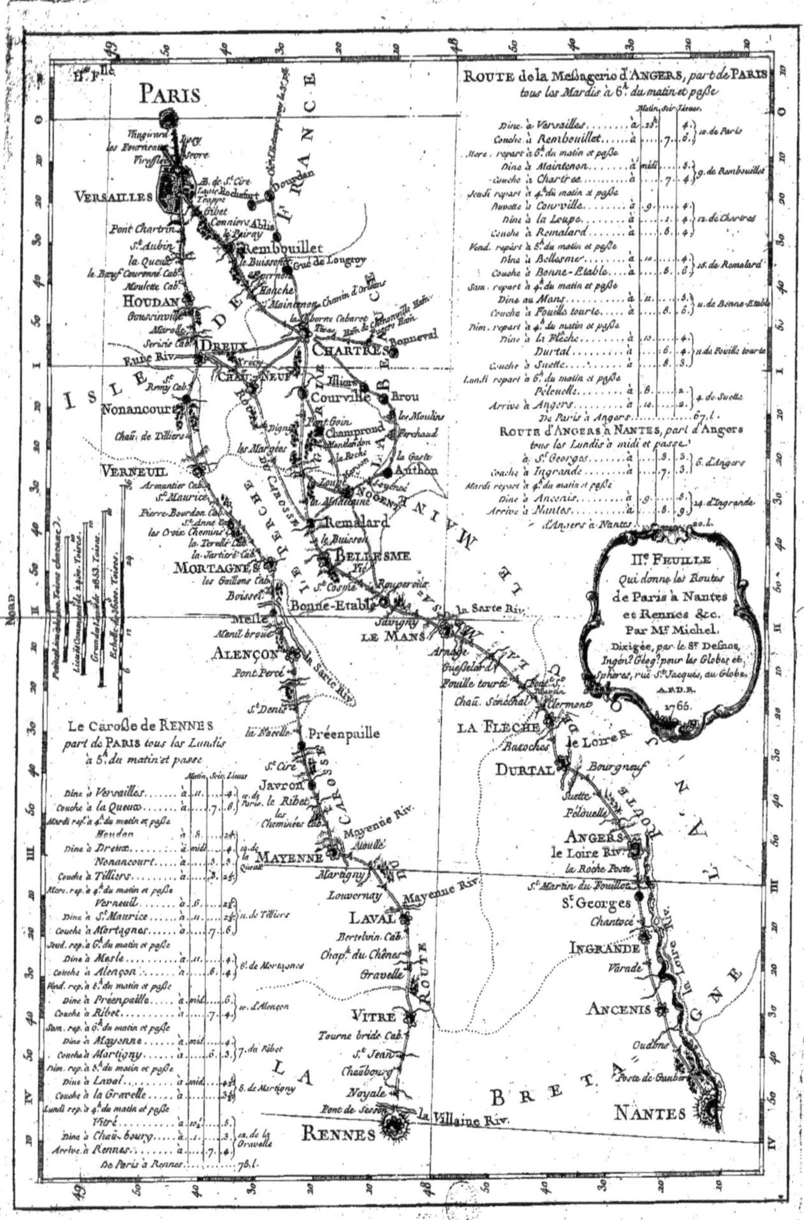

ROUTE de la Messagerie d'ANGERS, part de PARIS
tous les Mardis à 6.h du matin et passe

	Matin	Soir	Lieues
Dine à Versailles	à 11.h	4.	} 10. de Paris
Couche à Rembouillet	à	7.	6. }
Mere. repart à 6.h du matin et passe			
Dine à Maintenon	à midi	5.	} 9. de Rembouillet
Couche à Chartres	à	7.	4. }
Jeudi repart à 4.h du matin et passe			
Buvette à Courville	à 9.	4.	}
Dine à la Loupe	à	1.	4. } 12. de Chartres
Couche à Remalard	à	8.	4. }
Vend. repart à 5.h du matin et passe			
Dine à Bellesme	à 10.	4.	}
Couche à Bonne-Etable	à	8.	6. } 15. de Remalard
Sam. repart à 4.h du matin et passe			
Dine au Mans	à 11.	5.	}
Couche à Fouille tourte	à	8.	6. } 11. de Bonne-Etable
Dim. repart à 4.h du matin et passe			
Dine à la Flèche	à 10.	4.	}
Durtal	à	6.	4. } 11. de Fouille tourte
Couche à Suette	à	8.	3. }
Lundi repart à 6.h du matin et passe			
Pélouelle	à 8.	2.	}
Arrive à Angers	à 10.	2.	} 4. de Suette
De Paris à Angers			67. l.

ROUTE d'ANGERS à NANTES, part d'Angers
tous les Lundis à midi et passe

	Matin	Soir	Lieues
à St. Georges	à	3.	3. } 6. d'Angers
Couche à Ingrande	à	7.	3. }
Mardi repart à 4.h du matin et passe			
Dine à Ancenis	à 9.	8.	} 14. d'Ingrande
Arrive à Nantes	à	8.	9. }
d'Angers à Nantes			20. l.

II.e FEUILLE
Qui donne les Routes
de Paris à Nantes
et Rennes &c.
Par M.r Michel
Dirigée par le S.r Desnos,
Ingén.r Géog.e pour les Globes et
Sphères, rue S.t Jacques, au Globe.
A.P.D.R.
1765.

Le Carosse de RENNES
part de PARIS tous les Lundis
à 5.h du matin et passe

	Matin	Soir	Lieues
Dine à Versailles	à 11.	4.	} 10. de Paris
Couche à la Queue	à	7.	6. }
Mardi rep. à 4.h du matin et passe			
Houdan	à 8.	2½.	
Dine à Dreux	à midi	4.	} 10. de
Nonancourt	à	3.	3. } la Queue
Couche à Tilliers	à	3.	2½. }
Mere. rep. à 4.h du matin et passe			
Verneuil	à 6.	2½.	
Dine à St. Maurice	à 11.	2½.	} 11. de Tilliers
Couche à Mortagnes	à	7.	6. }
Jeud. rep. à 6.h du matin et passe			
Dine à Mesle	à 11.	4.	} 8. de Mortagnes
Couche à Alençon	à	6.	4. }
Vend. rep. à 6.h du matin et passe			
Dine à Préenpaille	à midi	6.	} 10. d'Alençon
Couche à Ribet	à	7.	4. }
Sam. rep. à 6.h du matin et passe			
Dine à Mayenne	à midi	4.	}
Couche à Martigny	à	6.	3. } 7. du Ribet
Dim. rep. à 6.h du matin et passe			
Dine à Laval	à midi	4.	}
Couche à la Gravelle	à		3½. } 6. de Martigny
Lundi rep. à 4.h du matin et passe			
Vitré	à 10½.	6.	}
Dine à Chau-bourg	à 1.	3.	} 12. de la Gravelle
Arrive à Rennes	à	7.	4. }
De Paris à Rennes			76. l.

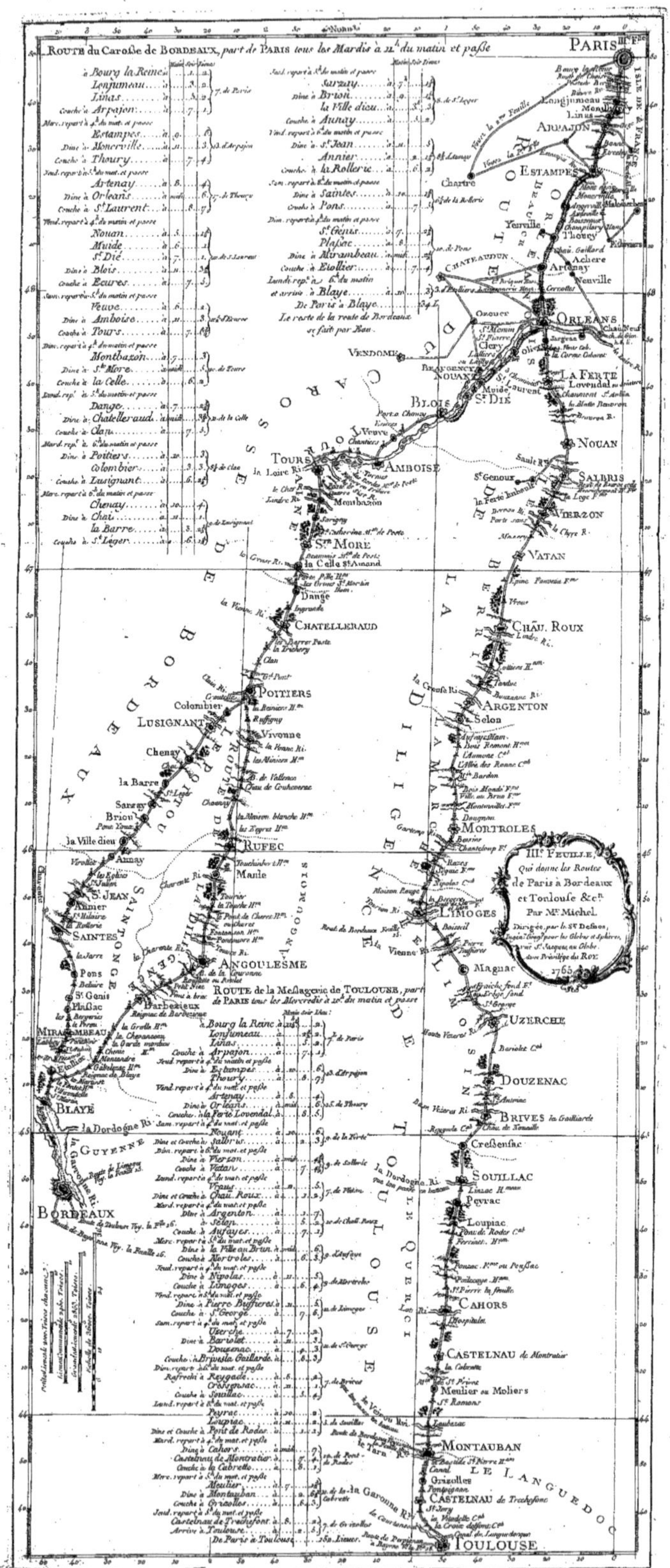
PARIS
ROUTE du Carosse de BORDEAUX, part de PARIS tous les Mardis à 11.h du matin et passe
à Bourg la Reine
Lonjumeau
Linas
Couche à Arpajon
Estampes
Dine à Monerville
Couche à Thoury
Artenay
Dine à Orleans
Couche à St Laurent
Nouan
Muide
St Dié
Dine à Blois
Couche à Ecures
Veuve
Dine à Amboise
Couche à Tours
Montbazon
Dine à Ste More
Couche à la Celle
Dange
Dine à Chatelleraud
Couche à Clan
Dine à Poitiers
Colombier
Couche à Lusignant
Chenay
Dine à Chai
la Barre
Couche à St Leger
Saurzay
Dine à Brion
la Ville dieu
Couche à Aunay
Dine à St Jean
Annier
Couche à la Rollerie
Dine à Saintes
Couche à Pons
St Genis
Plassac
Dine à Mirambeau
Couche à Etollier
Lundi rep.t à 6.h du matin et arrive à Blaye
De Paris à Blaye
Le reste de la route de Bordeaux se fait par Eau.
ISLE DE FRANCE
Lonjumeau
Mond.
Linas
ARPAJON
ESTAMPES
Chartre
Yenville
Thoury
Artenay
Yenville
Ozouer
ORLEANS
Clery
LA FERTE
Lovendal
St Laurent
Chaumont
NOUAN
Muide
St Die
BLOIS
Veuve
Chantceu
TOURS
AMBOISE
St Genou
SALBRIS
la Ferte Imbaud
VIERZON
Monbazon
VATAN
Ste MORE
la Celle St Amand
CHAU. ROUX
Dange
CHATELLERAUD
Clan
POITIERS
Colombier
ARGENTON
Selon
LUSIGNANT
Vivonne
Chenay
la Barre
Sarzay
Briou
la Ville dieu
RUFEC
MORTROLES
Aunay
Manle
St Jean
Annier
LIMOGES
SAINTES
ANGOULESME
Vienne R.
Maguac
Pons
Barbezieux
ROUTE de la Messagerie de TOULOUSE, part de PARIS tous les Mercredis à 10.h du matin et passe
MIRAMBEAU
UZERCHE
BLAYE
DOUZENAC
la Dordogne R.
BRIVES la Gaillarde
la GUYENNE
la Garonne R.
Cressensac
SOUILLAC
BORDEAUX
Peyrac
Loupiac
CAHORS
Hospitalin
CASTELNAU de Montratier
Meulier ou Moliers
MONTAUBAN
LE LANGUEDOC
Grisolles
Pompignan
CASTELNAU de Trechefonse
TOULOUSE
IIIe FEUILLE
Qui donne les Routes de Paris à Bordeaux et Toulouse &c.n
Par Mr Michel.
Dirigée par le Sr Desnos,
Ingen.r Géogr. pour les Globes et Spheres,
rue St Jacques, au Globe.
avec Privilege du ROY.
1765

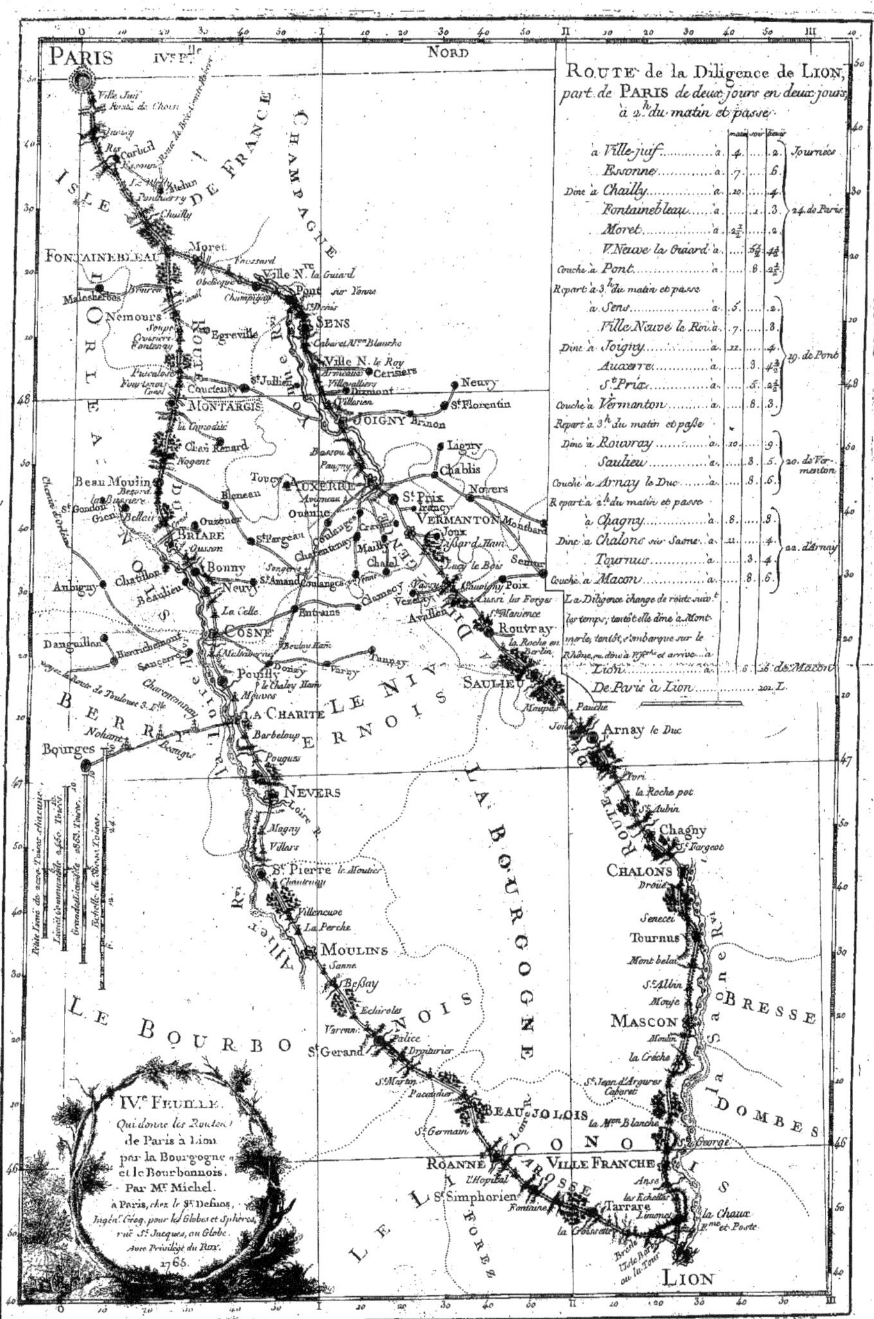

PARIS
IVe Fille
NORD
ROUTE de la Diligence de LION,
part de PARIS de deux jours en deux jours,
à 2.h du matin et passe.

a Ville-juif .... a. 4. .... 2. ⎫ Journées
Essonne .... a. 7. .... 6.
Dine a Chailly .... a. 10. .... 4.
Fontainebleau ...... a. .. 1. 3. ⎬ 24. de Paris
Moret .... a. 2½ .... 2.
V. Neuve la Guiard a. 5½ 4¼
Couche a Pont .... a. 8. 2½
Repart a 3.h du matin et passe
a Sens .... a. 5. .... 2. ⎫
Ville Neuve le Roi a. 7. .... 3.
Dine a Joigny .... a. 11. .... 4. ⎬ 19. de Pont
Auxerre .... a. .. 3. 4¾
St Prix .... a. .. 5. 2½
Couche a Vermanton ...... a. .. 8. 3.
Repart a 3.h du matin et passe
Dine a Rouvray .... a. 10. .... 9. ⎫
Saulieu .... a. .. 3. 5. ⎬ 20. de Ver-
Couche a Arnay le Duc ...... a. .. 8. 6. manton
Repart a 2.h du matin et passe
a Chagny .... a. 8. .... 8. ⎫
Dine a Chalons sur Saone a. 11. .... 4. ⎬ 22. d'Arnay
Tournus .... a. .. 3. 4.
Couche a Macon .... a. .. 8. 6.
La Diligence change de route suivt
les temps; tantôt elle dine à Mont-
merle, tantôt s'embarque sur le
Rhône, ou dine à Neuville et arrive à
Lion .... a. .. 5. 16. de Macon
De Paris à Lion .... 202. L.

ISLE DE FRANCE
CHAMPAGNE
ORLEANOIS
LE GÂTINOIS
LE NIVERNOIS
LA BOURGOGNE
BERRY
LE BOURBONNOIS
BRESSE
DOMBES
LE BEAUJOLOIS
LE LIONOIS
LE FOREZ

Ville-Juif
Ross de Chou
Corbeil
Chailly
Moret
FONTAINEBLEAU
Malesherbes
Nemours
Egreville
MONTARGIS
Chas Renard
Beau Moulin
Gien
BRIARE
Bonny
Chatillon
Beaulieu
Aubigny
Danguillon
Sancerre
Pouilly
LA CHARITE
Bourges
NEVERS
Magny
Villars
St Pierre le Moutier
Villeneuve
La Perche
MOULINS
Bessay
Varenn
St Gerand
St Martin
ROANNE
St Simphorien
Ville N. la Guiard
Pont sur Yonne
SENS
Ville N. le Roy
Courtenay
JOIGNY
AUXERRE
Chablis
Noyers
St Florentin
Ligny
VERMANTON
Avallon
Rouvray
SAULIEU
Arnay le Duc
Chagny
CHALONS
Senecei
Tournus
St Albin
MASCON
BEAU-JOLOIS
VILLE FRANCHE
Tarrare
Anse
LION

Rte limé de 2000. Toise chacun.
Lieue commune 2400.
Grandes lieue 2863.
Echelle de Deux Toises.

IVe FEUILLE.
Qui donne les Routes
de Paris à Lion
par la Bourgogne
et le Bourbonnois.
Par Mr. Michel.
à Paris, chez le Sr Desnos,
Ingénr Géog. pour les Globes et Sphères,
rue St Jacques, au Globe.
Avec Privilège du Roi.
1765.

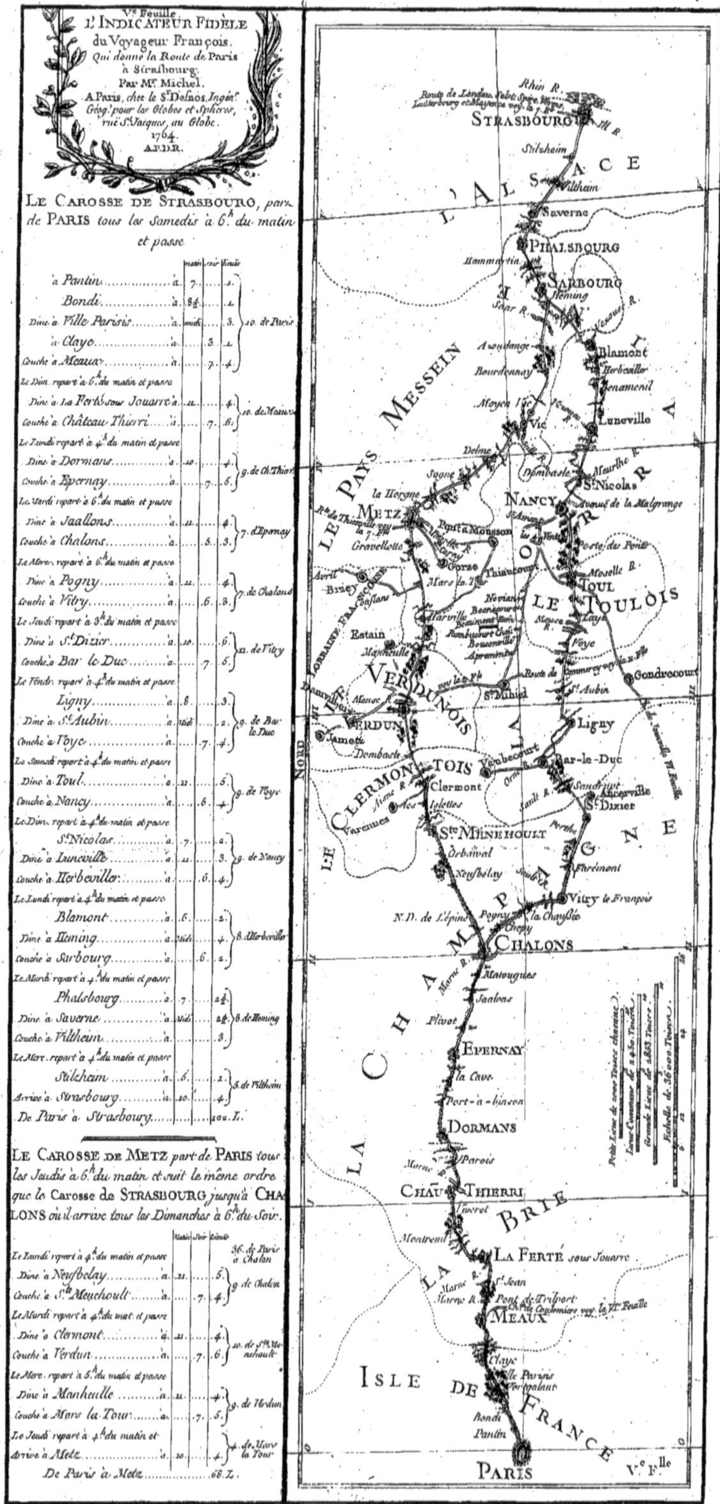

Ve Feuille
L'INDICATEUR FIDÈLE
du Voyageur François.
Qui donne la Route de Paris
à Strasbourg.
Par Mr. Michel.
A Paris, chez le Sr. Desnos, Ingénr.
Géogr. pour les Globes et Sphères,
rue St. Jacques, au Globe.
1764.
A.P.D.R.

LE CAROSSE DE STRASBOURG, part
de PARIS tous les Samedis à 6h. du matin
et passe

matin soir lieües
à Pantin.................. à. 7. .... 1.
Bondi.................. à. 8½. .... 1.
Dine à Ville Parisis........ à. midi .... 3. } 10. de Paris
à Claye.................. à. .... 3. .. 1.
Couche à Meaux.......... à. .... 7. .. 4.
Le Dim. repart à 6h. du matin et passe
Dine à La Ferté sous Jouarre à. 11. .... 4. } 10. de Meaux
Couche à Château Thierri.... à. .... 7. .. 6.
Le Jeudi repart à 4h. du matin et passe
Dine à Dormans........... à. 10. .... 4. } 9. de Ch. Thierri
Couche à Epernay.......... à. .... 7. .. 6.
Le Vardi repart à 6h. du matin et passe
Dine à Jaallons........... à. 11. .... 4. } 7. d'Epernay
Couche à Chalons.......... à. .... 5. .. 3.
Le Merc. repart à 6h. du matin et passe
Dine à Pogny............. à. 11. .... 4. } 7. de Chalons
Couche à Vitry............ à. .... 6. .. 3.
Le Jeudi repart à 3h. du matin et passe
Dine à St. Dizier.......... à. 10. .... 6. } 11. de Vitry
Couche à Bar le Duc........ à. .... 7. .. 6.
Le Vendr. repart à 4h. du matin et passe
Ligny.................. à. 8. .... 3.
Dine à St. Aubin.......... à. midi .... 2. } 9. de Bar le Duc
Couche à Toye............ à. .... 7. .. 4.
Le Samedi repart à 4h. du matin et passe
Dine à Toul.............. à. 11. .... 5. } 9. de Toye
Couche à Nancy........... à. .... 6. .. 4.
Le Dim. repart à 4h. du matin et passe
St. Nicolas.............. à. 7. .... 2.
Dine à Luneville.......... à. 11. .... 3. } 9. de Nancy
Couche à Herbeviller....... à. .... 6. .. 4.
Le Lundi repart à 4h. du matin et passe
Blamont............... à. 6. .... 2.
Dine à Heming........... à. midi .... 4. } 8. d'Herbeviller
Couche à Sarbourg........ à. .... 6. .. 2.
Le Mardi repart à 4h. du matin et passe
Phalsbourg............. à. 7. .... 2½.
Dine à Saverne.......... à. midi .... 2½. } 8. de Heming
Couche à Viltheim........ à. .... 3.
Le Merc. repart à 4h. du matin et passe
Stilzham............... à. 6. .... 2. } 5. de Viltheim
Arrive à Strasbourg....... à. 10. .... 4.
De Paris à Strasbourg..... .... 104. L.

LE CAROSSE DE METZ part de PARIS tous
les Jeudis à 6h. du matin et suit le même ordre
que le Carosse de STRASBOURG jusqu'à CHA
LONS où il arrive tous les Dimanches à 6h. du Soir.

Matin Soir Lieües
Le Lundi repart à 4h. du matin et passe } 36. de Paris à Chalon
Dine à Neufbelay.......... à. 11. .... 5. } 9. de Chalon
Couche à Ste. Menehoult.... à. .... 7. .. 4.
Le Mardi repart à 4h. du mat. et passe
Dine à Clermont........... à. 11. .... 4. } 10. de Ste. Menehoult
Couche à Verdun.......... à. .... 7. .. 6.
Le Merc. repart à 5h. du matin et passe
Dine à Manheulle......... à. 11. .... 4. } 9. de Verdun
Couche à Mars la Tour..... à. .... 7. .. 5.
Le Jeudi repart à 4h. du matin et } 4. de Mars la Tour
Arrive à Metz............ à. 10. .... 4.
De Paris à Metz.......... .... 68. L.

Rhin R.
Route de Landau, Fort, Spire &c.
Lauterbourg et Mayence voy. la 7e. Ft.
STRASBOURG
L'ALSACE
Stilzheim
Viltheim
Saverne
PHALSBOURG
Hommartin
SARBOURG
Heming
Saar R.
Vesouze R.
Azoudange
Bourdonnay
Blamont
Herbeviller
Benamenil
Moyen l. Vic
Vic
Luneville
Delme
Sogne
Dombasle
Meurthe
St. Nicolas
la Horgne
METZ
Avenue de la Malgrange
NANCY
Ste. Anne
Rue de Thionville voy. la 7e. Ft.
Pont à Mousson
Gravellotte
Gorze
Moselle R.
Porte du Pont
Avril
Briey
Mars la Tour
Thiaucourt
TOUL
LE TOULOIS
Constans
Novieant
Meuse R.
Lay
Harville
Beauvais
Rambécourt
Boulionville
Apremont
Veye
Estain
Manheulle
Mouse R.
Route de Commercy voy. la 7e. Ft.
Gondrecourt
VERDUNOIS
St. Mihiel
St. Aubin
Jamets
VERDUN
Ligny
Dombasle
CLERMONTOIS
Vaubecourt
Bar-le-Duc
Ornain R.
Saudrupt
Ancerville
St. Dizier
Aire R.
Clermont
Aes
Islettes
Saulx R.
Varennes
Ste. MENEHOULT
Perthe
CHAMPAGNE
Orbeival
Neufbelay
Sault
Hermont
Vitry le Franrois
N. D. de L'épine
Pogny
la Chaussée
Chepy
CHALONS
Marne R.
Matougues
LA CHAMPAGNE
Jaalons
Plivot
EPERNAY
la Cave
Port-à-binson
DORMANS
Marne R.
Parois
Marne R.
CHAU. THIERRI
Jaucret
LA BRIE
Montreuil
LA FERTÉ sous Jouarre
Marne R.
St. Jean
Marne R.
Pont de Trilport
Route de Coulomiers voy. la VIe. Feuille
MEAUX
Claye
Ville Parisis
Portpalant
Bondi
Pantin
ISLE DE FRANCE
PARIS
NORD
LE PAYS MESSEIN
LA LORRAINE
Ve Ft. IIe
Petite Lieüe de 2000 Espace chacune
Lieües Communes de 25 à 20. Tolise.
Grande Lieüe de 2853 Toises.
Echelle de 36000 Toises.

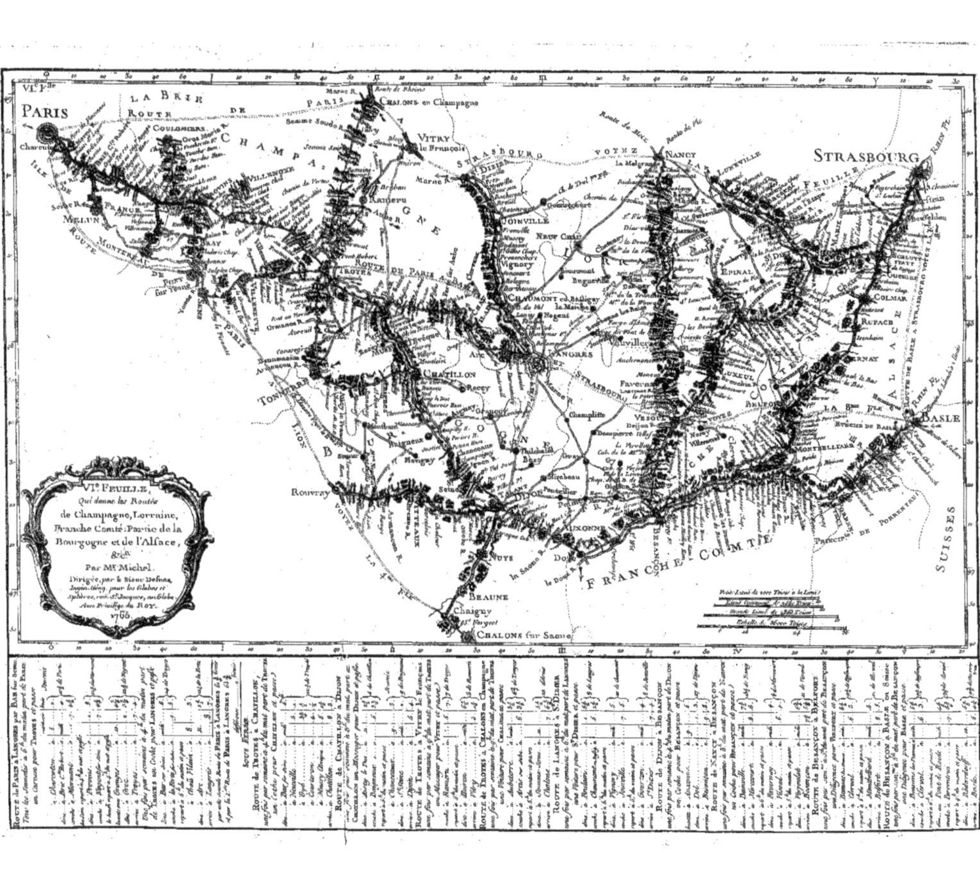

PARIS
STRASBOURG
VIe Flle
LA BRIE
ROUTE DE PARIS
CHAMPA.GNE
CHALONS en Champagne
VITRY le François
COULOMIERS
MELUN
NANCY
VOTEZ
EPINAL
COLMAR
RUFACH
VILLENEUVE
RAMERU
TROYE
ROUTE DE PARIS A BAR
CHAUMONT en Baßigny
LANGRES
STRASBOURG
FAVERNAY
VESOUL
LUXEUL
BELFORT
CHATILLON
TONNERRE
BOURGOGNE
DIJON
MONTBELLIARD
BASLE
ROUVRAY
AUXONNE
FRANCHE COM.TE
BEAUNE
CHAIGNY
CHALONS fur Saone
SUISSES
VIe FEUILLE,
Qui donne les Routes
de Champagne, Lorraine,
Franche Comté, Partie de la
Bourgogne et de l'Alface,
&c.
Par Mr Michel.
Dirigée, par le Sieur Defnos,
Ingenieur pour les Globes et
Spheres, rue St Jacques, au Globe.
Avec Privilege du Roy.
1766

ROUTE de PARIS à LANGRES par BAR fur Seine
ROUTE de TROYES à CHATILLON
ROUTE de CHATILLON à DIJON
ROUTE de TROYES à VITRY le François
ROUTE de TROYES à CHALONS en Champagne
ROUTE de LANGRES à St DISIER
ROUTE de DIJON à BESANÇON
ROUTE de NANCY à BESANÇON
ROUTE de BESANÇON à BELFORT
ROUTE de BESANÇON à BASLE, en Seane

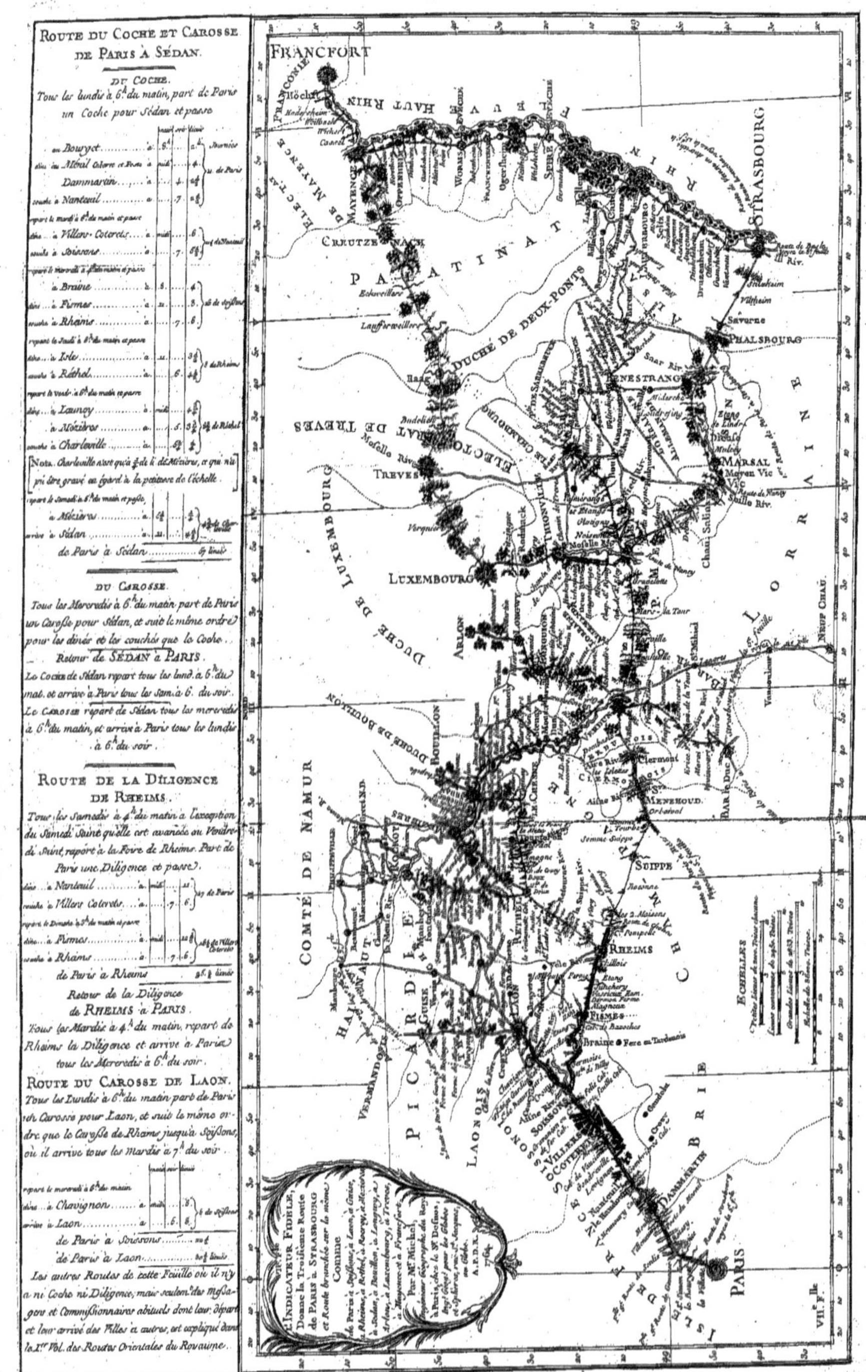

ROUTE DU COCHE ET CAROSSE DE PARIS À SÉDAN.
DU COCHE.
Tous les lundis à 6h. du matin, part de Paris un Coche pour Sédan et passe
DU CAROSSE.
Tous les Mercredis à 6h. du matin part de Paris un Carosse pour Sédan, et suit le même ordre pour les dinés et les couchés que le Coche.
Retour de SÉDAN à PARIS.
ROUTE DE LA DILIGENCE DE RHEIMS.
Retour de la Diligence de RHEIMS à PARIS.
ROUTE DU CAROSSE DE LAON.
FRANCFORT
STRASBOURG
MAYENCE
PALATINAT
ÉLECTORAT DE TREVES
TREVES
LUXEMBOURG
DUCHÉ DE LUXEMBOURG
ARLON
COMTÉ DE NAMUR
DUCHÉ DE BOUILLON
LORRAINE
MARSAL
PHALSBOURG
SAVERNE
FENESTRANGE
DUCHÉ DE DEUX-PONTS
CREUTZENACH
FLEUVE HAUT RHIN
RHEIMS
SUIPPE
PICARDIE
LAONOIS
SOISSONS
BRIE
ISLE DE FRANCE
PARIS
ÉCHELLES
INDICATEUR FIDELE, Donne la Treizième Route de Paris à STRASBOURG
Par Mr Michel

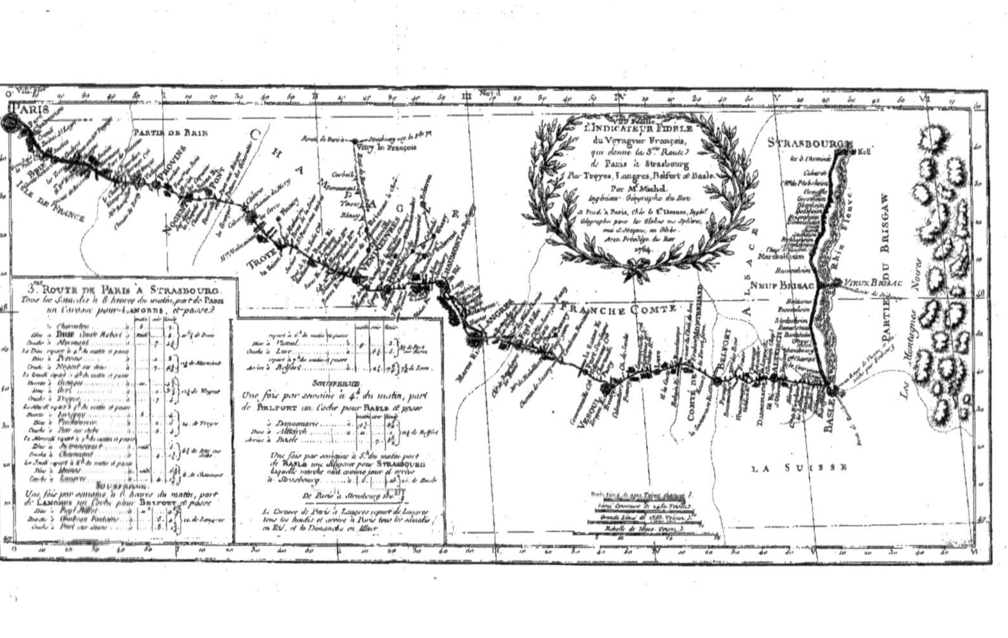

PARIS
STRASBOURG
L'INDICATEUR FIDÈLE
du Voyageur François,
qui donne la 3.me Route
de Paris à Strasbourg
Par Troyes, Langres, Belfort et Basle.
Par M. Michel
Ingénieur Géographe du Roi.
A Paris, Chez le S.r Desnos
1764.
PARTIE DE BRIE
CHAMPAGNE
BRIE
ISLE DE FRANCE
TROYES
FRANCHE COMTÉ
ALSACE
NEUF BRISAC
VIEUX BRISAC
PARTIE DU BRISGAW
Les Montagnes Noires
LA SUISSE
BASLE
BELFORT
Vitry le François
3.e ROUTE DE PARIS A STRASBOURG.
Tous les Samedis à 6 heures du matin, part de Paris
un Carosse pour Langres, et passe.

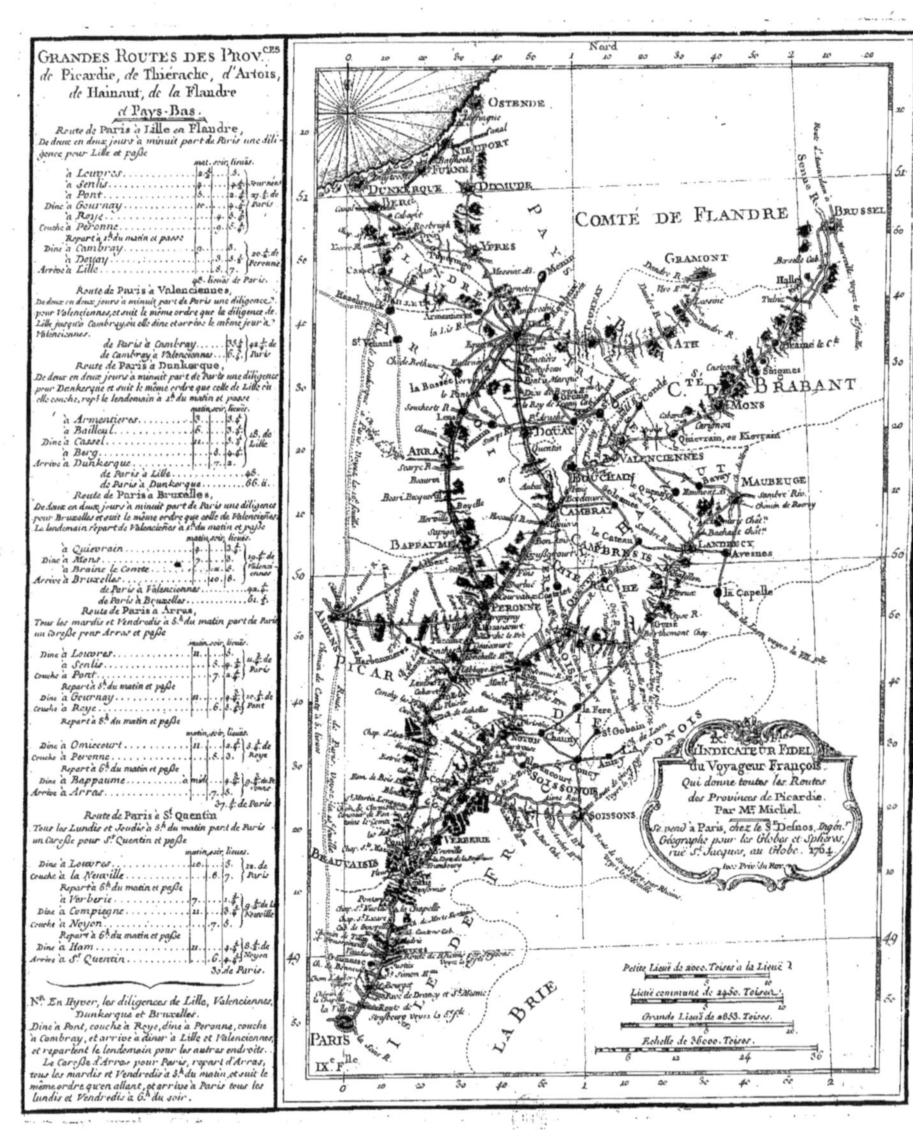

GRANDES ROUTES DES PROV.^{CES}
de Picardie, de Thiérache, d'Artois, de Hainaut, de la Flandre et Pays-Bas.

Route de Paris à Lille en Flandre,
De deux en deux jours à minuit part de Paris une diligence pour Lille et passe

	mat.	soir	lieues.
à Leuvres	2½		5.
à Senlis	4		4.½
à Pont	5		2.½
Dine à Gournay	10		4.½
à Roye		4	5.½
Couche à Peronne		9	5.½

Tournées 27.½. de Paris

Repart à 1.h du matin et passe

Dine à Cambray	9		8.
à Douay		3	5.½
Arrive à Lille		8	7.

20.½. de Peronne

98. lieues de Paris.

Route de Paris à Valenciennes,
De deux en deux jours à minuit part de Paris une diligence pour Valenciennes, et suit le même ordre que la diligence de Lille jusqu'à Cambray, où elle dine et arrive le même jour à Valenciennes.

de Paris à Cambray 35.½
de Cambray à Valenciennes ... 6.½

92.½. de Paris

Route de Paris à Dunkerque,
De deux en deux jours à minuit part de Paris une diligence pour Dunkerque et suit le même ordre que celle de Lille où elle couche, rep.t le lendemain à 1.h du matin et passe

	matin	soir	lieues.
à Armentieres	3		3.½
à Bailleul	6		3.½
Dine à Cassel	11		5.½
à Berg		3	4.½
Arrive à Dunkerque		7	2.

18. de Lille

de Paris à Lille ...... 48.
de Paris à Dunkerque ...... 66. ii.

Route de Paris à Bruxelles,
De deux en deux jours à minuit part de Paris une diligence pour Bruxelles et suit le même ordre que celle de Valenciennes. Le lendemain repart de Valenciennes à 1.h du matin et passe

	matin	soir	lieues.
à Quievrain	4		3.¾
Dine à Mons	7		3.
à Braine le Comte		12	5.
Arrive à Bruxelles		10	8.

19.½. de Valenciennes

de Paris à Valenciennes 92.½
de Paris à Bruxelles 61.½

Route de Paris à Arras,
Tous les mardis et Vendredis à 5.h du matin part de Paris un carosse pour Arras et passe

	matin	soir	lieues.
Dine à Louvres	11		5.
à Senlis		5	4.½
Couche à Pont		7	2.½

11.½. de Paris

Repart à 5.h du matin et passe

	matin	soir	lieues.
Dine à Gournay	11		4.½
Couche à Roye		6	3.½

10.½. de Pont

Repart à 5.h du matin et passe

	matin	soir	lieues.
Dine à Omiecourt	11		2.½
Couche à Peronne		5	3.

3.½. de Roye

Repart à 6.h du matin et passe

	matin	soir	lieues.
Dine à Bappaume	à midi		4.½
Arrive à Arras		7	5.

9.½. de Peronne

37.½. de Paris.

Route de Paris à St. Quentin
Tous les Lundis et Jeudis à 5.h du matin part de Paris un Carosse pour St Quentin et passe

	matin	soir	lieues.
Dine à Louvres	10		5.
Couche à la Neuville		6	7.

11. de Paris

Repart à 6.h du matin et passe

	matin	soir	lieues.
à Verberie	7		1.½
Dine à Compiegne	11		3.½
Couche à Noyon		7	5.

9.½. de la Neuville

Repart à 6.h du matin et passe

	matin	soir	lieues.
Dine à Ham	11		4.½
Arrive à St. Quentin		6	4.½

8.½. de Noyon

39. de Paris.

N.a En Hyver, les diligences de Lille, Valenciennes, Dunkerque et Bruxelles.
Dine à Pont, couche à Roye, dine à Peronne, couche à Combray, et arrive à diner à Lille et Valenciennes, et repartent le lendemain pour les autres endroits.
Le Carosse d'Arras pour Paris, repart d'Arras, tous les mardis et Vendredis à 5.h du matin, et suit le même ordre qu'en allant, et arrive à Paris tous les lundis et Vendredis à 6.h du soir.

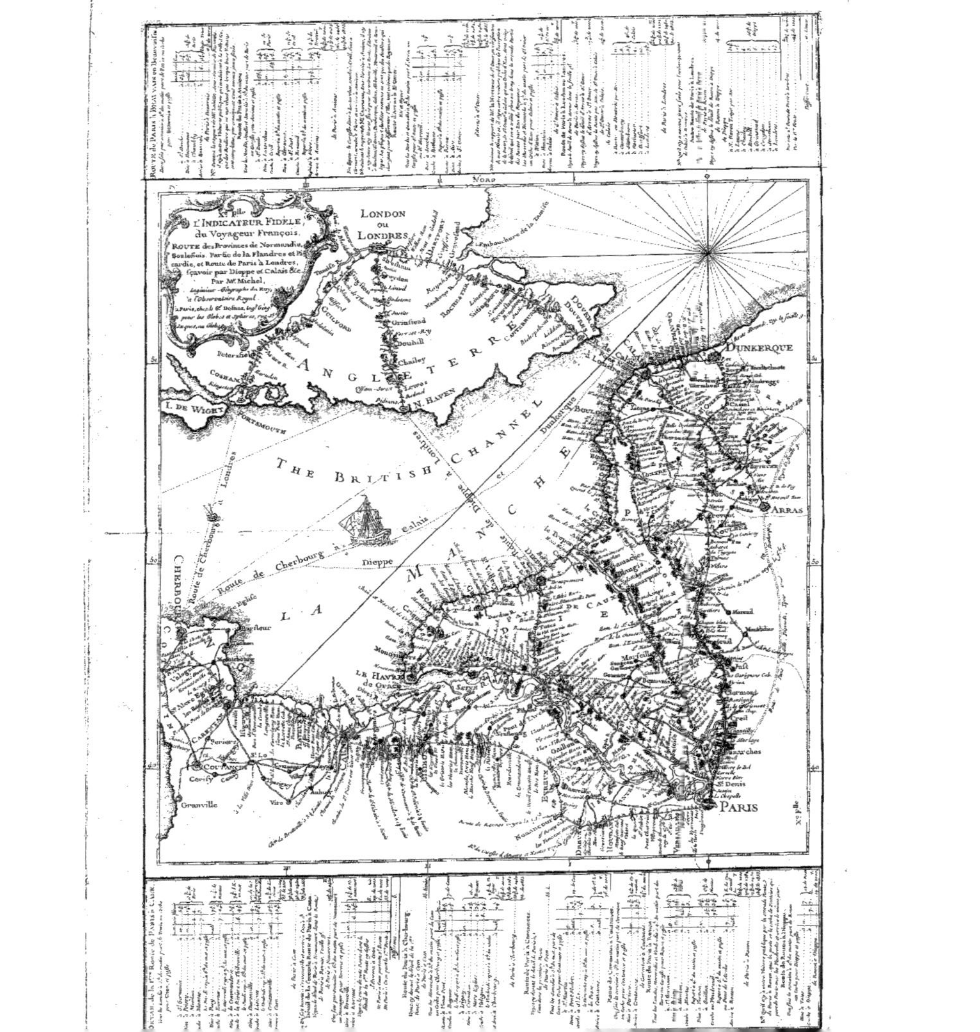

L'INDICATEUR FIDELE, du Voyageur François.
ROUTE des Provinces de Normandie, Boulenois, Partie de la Flandres et Picardie, et Route de Paris à Londres, sçavoir par Dieppe et Calais &c.
Par Mr. Michel,
Ingénieur-Géographe du Roy à l'Observatoire Royal
LONDON ou LONDRES
ANGLETERRE
I. DE WIGHT
PORTSMOUTH
N. HAVEN
DOUVRES
DUNKERQUE
THE BRITISH CHANNEL
LA MANCHE
NORD
Route de Cherbourg à Londres
Route de Cherbourg à Dieppe
Dieppe
Calais
CHERBOURG
Granville
LE HAVRE de Grace
DE CAUX
ARRAS
PARIS
ROUTE de PARIS à BRAI vaÿe en Beauvaisis

DÉTAIL DE LA PREMIÈRE ROUTE D'AMSTERDAM A MARSEILLE,

Tous les deux jours à 4.h du matin part d'Amsterdam une Diligence pour Bruxelles, et passe

		mat.	soir	lieües	
	à Leyden	à	8.	... 8.	
	à Haag	à	11.	... 8.	
Passe	à Delfft	à		1. 2.	
	à Rotterdam	à		8. 2.	
Passé	à Dortriek	à		7. 4.	
	à Mordiek	à		10. 3½.	} 38.½ d'Amsterdam
Passe	à Bergopzoom	à	1.	3.	
	à Poste du Fort	à	3.	2.	
soupe	à Antwerppen	à	7.	4.	
Dine	à Mechelen	à		1. 4.	
Arrive	à Bruxelles	à		8. 6.	

Tous les jours à 6.h du matin part de Bruxelles une Diligence pour Namur et passe

Passe	à Gemblour	à	midi	6.	} 9½ de Bruxelles
Arrive	à Namur	à		5. 3½.	

Une fois par semaine à 4.h du matin part de Namur une voiture pour Rocroy et passe

Dine	à Charlemont	à	11.	7.	
	à Philippeville	à		3. 3.	} 14. de Namur
	à Marienbourg	à		5. 2.	
Arrive	à Rocroy	à		8. 2.	

Tous les Jeudis à 6.h du matin part de Rocroy un Carosse pour Rheims et passe

	à Maubert Fontaine	à	8.	2.	
Dine	à Aubigny	à	midi	2½.	} n½ de Rocroy
Couche	à Rethel	à		7. 3.	

Le Vendredi repart à 3.h du matin et passe

Dine	à Isle	à	11.	2½.	} 6. de Rethel
Arrive	à Rheims	à		6. 3½.	

Une fois par semaine à 6.h du matin part de Rheims un Coche pour Chalons et passe

Dine	aux P.tes Loges	à	midi	6.	} 10. de Rheims
Arrive	à Chalons	à		7. 5.	

Une fois par semaine à 3.h du matin part de Chalons un Coche pour Troyes et passe

Dine	à Somme Sous	à	midi	6½.	} 12. de Chalons
Couche	à Arcis sur Aube	à		6. 5½.	

Repart à 6.h du mat. et passe

Dine	à Aubeterre	à	midi	2½.	} 6.¾ d'Arcis
Arrive	à Rheims	à		5. 3½.	

Une fois par semaine à 4.h du matin part de Troyes un Coche pour Chatillon et passe

Dine	à Bar sur Seine	à	midi	6.	
	à Neuville	à		2. 2.	
	à Oye	à		2½. 1½.	} 12½ de Troyes
	à Courteron	à		3. 1½.	
	à Mussy l'Evêque	à		4. 1½.	
Arrive	à Chatillon	à		7. 3.	

Une fois par semaine à 7.h du matin part de Chatillon un Messager pour Dijon et passe

Dine	à Aisey le Duc	à	11.	2½.	} 6. de Chatillon
Couche	à Baigneux	à		5. 3½.	

Repart à 6.h du mat. et passe

	à Chanceaux	à	9.	3.	
Dine	à St. Seine	à	11.	2.	} 9. de Baigneux
Arrive	à Dijon	à		6. 4.	

Tous les 2 jours à 2.h du matin part de Dijon une Diligence pour Lion et passe

Dine	à Chalons sur Saone	à	6.	4.	} 17½ de Dijon
Couche	à Tournus	à		9. 3½.	

Repart à 2.h du mat. et passe

Dine	à Mâcon	à	6.	6.	} 12. de Tournus
Arrive	à Lion	à		8. 16.	

Tous les Jeudis à 6.h du matin part de Lion un Coche pour le Pont St. Esprit et passe

Dine	à Vienne	à	midi	4½.	} 7½ de Lion
Couche	à Payage	à		3. 3.	

Le Vendredi repart à 6.h du matin et passe

	à St. Rambert	à	7.	2½.	
Dine	à St. Valliers	à	11.	2.	} 10½ de Tournus
	à Thein	à		3. 2.	
Couche	à Valence	à		7. 4.	

Le Samedi repart à 6.h du matin et passe

Dine	à Lauriol	à	11.	4½.	} 6½ de Valence
Couche	à Montelimart	à		6. 4.	

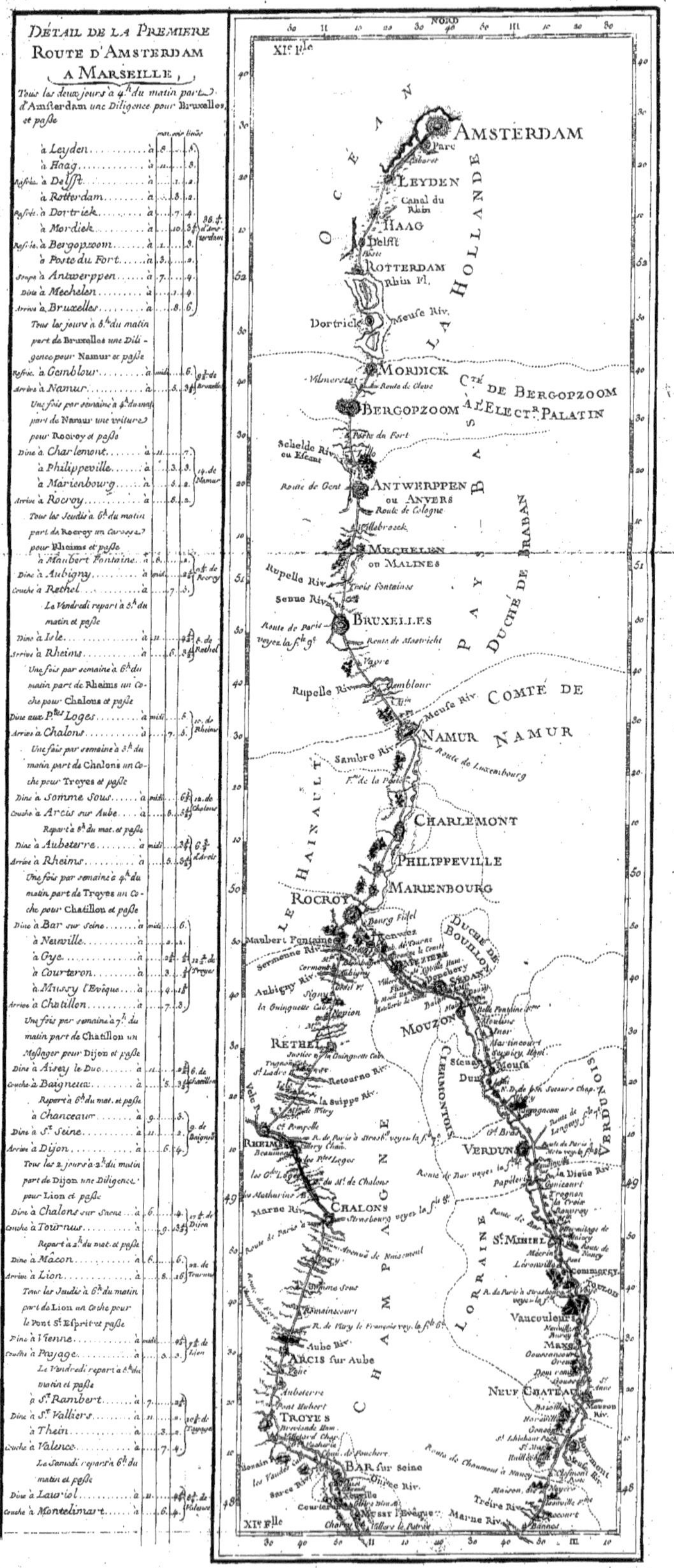

Le Dimanche repart à 6ʰ du matin et passe
Dîne à Donzere .... à 9 .... 2½
 'à Pierrelatte .... à 11 .... 1½ } 8 ℔ de
 'à Bolene .... à .. 2 .. 1½ } Monte-
 'à Montdragon .... à .. 7 .. 1½ } limare
arri. au Pont St. Esprit .... à .. 6 .. 1½
Tous les Lundis à 7ʰ du matin part du Pont St. Esprit une Voiture pour Marseille et passe
 'à Montdragon .... à 9 .... 1½
 'à Mornas .... à 10 .... 2 } 8¼ ℔ du
Dîne à Orange .... à 11 .... 1 } Pont S.
 'à Caleraus .... à .. 4 .. 2½ } Esprit
couche à Avignon .... à .. 7 .. 2½
Le Mardi repart à 7ʰ du matin et passe
Dîne à Chaumont .... à 11 .... 3 } 9 ℔ d'A-
 'à Cavaillon .... à .. 4 . 3 } vignon
couche à Malmort .... à .. 7 . 3
Le Mercredi repart à 6ʰ du matin et passe
 'à Lambes .... à .. 2½ } 10 ℔ de Mal-
Dîne à Aix .... à .. 2½ } mort
arri. à Marseille .... à .. 5½
Total .... 237½ ℔

d'Amsterdam à Marseille il y a
237½ lieües ...... de ...... 2500. toises.
242½ lieües ...... de ...... 2853. toises.
260⅗ lieües ...... de ...... 2280. toises.
296¾ lieües ...... de ...... 2000. toises.

Reste à remarquer, que la Route par eau de Lion, au Pont St. Esprit est plus fréquentée que celle par terre, on en verra l'ordre dans la seconde partie des Routes par eau du Royaume.

DÉTAIL DE LA SECONDE ROUTE D'AMSTERDAM A MARSEILLE par la Lorraine.

Voyez le détail d'Amsterdam à Rocroy dans la première Route.
d'Amsterdam à Rocroy 61¾

Tous les trois jours à 9ʰ du matin part de Rocroy un Messager pour Meziere et passe
Dîne à Renwez .... à midi .. 1½ } 5 ℔ de
Arrive à Meziere .... à .. 5 . 3 } Rocroy
Une fois par Semaine à 6ʰ du matin part un Coche pour Verdun et passe
Arrive à Sedan .... à midi .. 4½ } 4½ ℔ de Meziere
Repart à 6ʰ du matin et passe
Dîne à Mouzon .... à 11 .... 3¾ } 6 ℔ de
couche à Stenay .... à .. 6 . 3 } Sedan
Repart à 5ʰ du matin et passe
Dîne à Dun .... à 9 .... 3¾ } 10 ℔ de
Arrive à Verdun .... à .. 8 . 7 } Stenay
Une fois par sem. à 6ʰ du matin part de Verdun un Coche pour St. Mihiel et passe
Dîne à Trognon .... à midi .. 4½ } 8 ℔ de
Arrive à St. Mihiel .... à .. 7 . 3½ } Verdun
Une fois la sem. à midi part de St. Mihiel un Messager pour Commercy et arrive le même jour .... à .. 4 . 3 } 3 ℔ de S. Mihiel
Deux fois la semaine à 6ʰ du matin part de Commercy un Messager pour Vaucouleurs et arrive le même jour ...... midi .. 4 } 4 ℔ de Commercy
Tous les 3 jours à 6ʰ du matin part de Vaucouleurs un Messager pour Neuf Chateau et passe
Dîne à Maxe .... à 9 .... 1½ } 5 ℔ de
Arrive à Neuf Chateau .... à .. 3 . 4 } Vaucouleurs
Une fois par sem. à 5ʰ du matin part de Neuf Chateau un Messager pour Langres et passe
Dîne à Clefmont .... à midi .. 6 } 11 ℔ de
Arrive à Langres .... à .. 6 . 5 } Neuf-Chateau
Tous les 3 jours à 6ʰ du matin part de Langres une voiture pour Dijon et passe
Dîne à Thilchatel .... à .. 1 . 8 } 12 ℔ de
Arrive à Dijon .... à .. 8 . 5 } Langres
Voyez le detail de Dijon à Marseille dans la première Route de Dijon à Marseille 101¾
Total de cette seconde Route ...... 236½ de 2500 T. à la l.
La première Route donne 237½

Difference 2¾

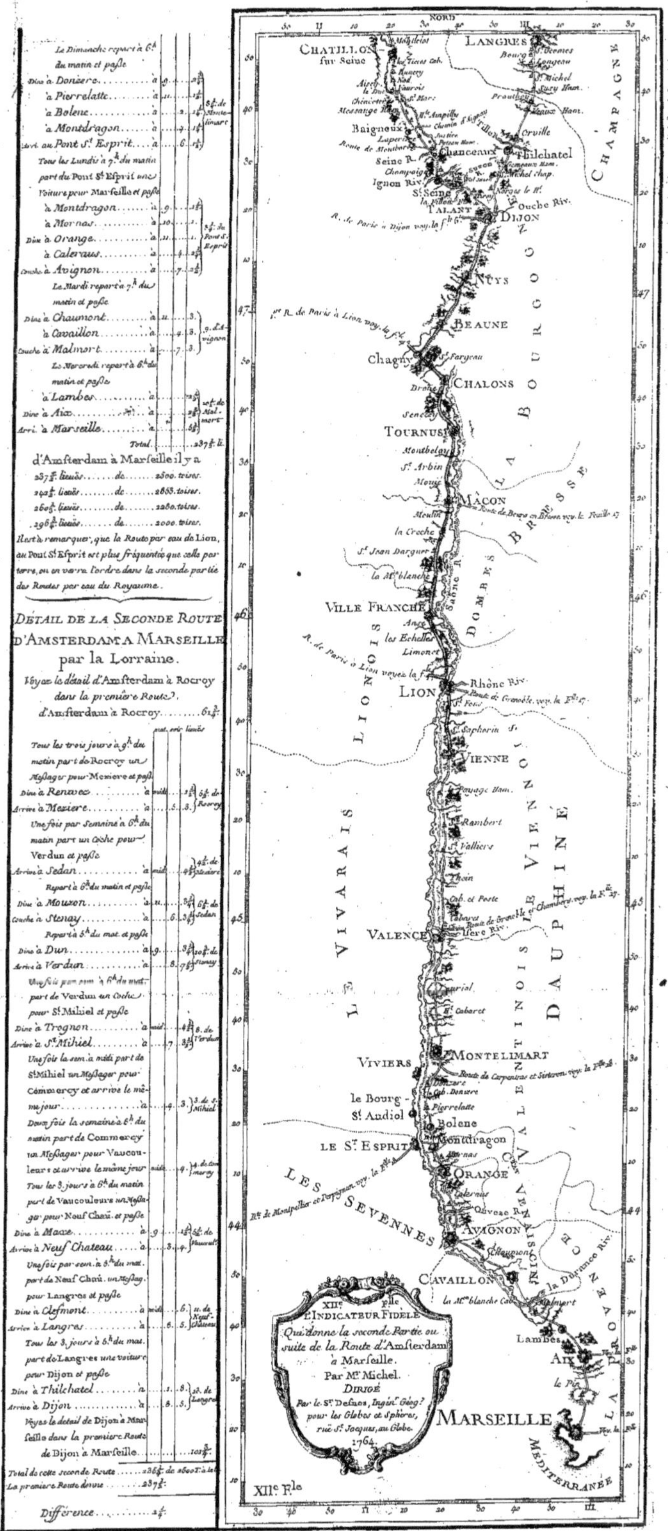

GRANDE ROUTE
DE STRASBOURG A
WIENNE en Autriche,

Par eau comme par terre et Route Branchée.

Détail de la Route par Terre.

Une fois la Semaine part de Strasbourg une diligence pour Wienne et passe.

	Postes	mille	toises
au Fort de Kehl	1/2	1	3672
à Bischofsheim	1 1/2	3	11616
à Stollhofen	1	2	7744
à Rastadt	1	2	7744
à Etlingen	1	2	7744
à Durlach	1/2	1	3672
à Pforzheim	1	2	7744
à Wainghem	1 1/2	3	11616
à Canstadt	1 1/2	3	11616
à Blochingen	1 1/2	3	11616
à Gœppingen	1	2	7744
à Geisling	1	2	7744
à Westerstætten	1	2	7744
à Elchingen	1	2	7744
à Gunzburg	1	2	7744
à Sumerhausen	2	4	15488
à Ausburg	1 1/2	3	11616
à Degenbach	1 1/2	3	11616
à Dachau	1 1/2	3	11616
à Munich	1	2	7744
à Eincing	1 1/2	3	11616
à Haag	1 1/2	3	11616
à d'Ampfing	1 1/2	3	11616
à Alt Oetting	1	2	7744
à Markel	1	2	7744
à Braunau	1	2	7744
à Altheim	1	2	7744
à Riet	1	2	7744
à Haag	1	2	7744
à Lambach	1	2	7744
à Wels	1	2	7744
à Lintz	1 1/2	3	11616
à Ens	1 1/2	3	11616
à Strenberg	1	2	7744
à d'Amstetten	1	2	7744
à Kemmelbach	1 1/2	3	11616
à Mölck	1	2	7744
à St. Pölten	1 1/2	3	11616
à Presling	1	2	7744
à Sigartskirch	1	2	7744
à Bourkersdorf	1/2	1	3672
à Wienne	1	2	7744
	46 1/2	97	375584

De Strasbourg à Wienne il y a 46 1/2 postes ou stations qui font 97 mille qui vallent 375584 toises qui égallent 187 lieües 3/4.

Route par Eau.

De Strasbourg l'on va jusqu'à Ulm par terre.

	Postes	mille	toises
de Strasbourg à Elchingen	15	30	116180
d'Elchingen à Ulm	2	2	7744

l'on s'embarque jusqu'à Wien on un coche d'eau pour Wienne et passe

	lieues
à Hochstet, droit de payage	6
Couche à Donawert, droit de payage	2
le Jeudi repart à 6h du mat. et passe	
à Neubourg, droit de payage	6
à Ingolstat, droit de payage	2
Couche à Wohburg,	3
le Vendredi rep.t à 4h du mat. et passe	
à Kelheim, droit de payage	8
à Ratisbonne, droit de payage	5
Couche à Straubing, droit de payage	7
le Samedi rep.t à 4h du matin et passe	
à Dekendorf	5
à Wilshowen	6
Couche à Passau droit de payage	3
le Dimanche rep.t à 4h du mat. et passe	
Couche à Lintz, droit de payage	10
le Lundi repart à 4h du mat. et passe	
à Ips, droit de payage	10
Couche à Tull	10
le Mardi repart à 4h du matin	
arrive à Wienne à 8h du matin	5
de Strasbourg à Wienne	114

Il est à remarquer,

que la diligence par terre marche jour et nuit, elle est conduite par les Chevaux de poste. La prix ordinaire est d'un demi Florin ou une livre un sol neuf deniers par Chevaux, et pour le Postillon, quatre Krutzer ou trois sols de guide. La Route par eau est à meilleur compte, il en coute huit Florins ou dix sept livres huit sols six deniers d'Ulm à Wienne, et pour un batteau particulier, cinquante deux Florins ou cent treize livres neuf sols.

L'INDICATEUR FIDELE,
du Voyageur François,
Par Mr Michel,
Ingénieur-Géographe du Roy,
à l'Observatoire Royale.

Dressé

Par le Sr Desnos, Ingénieur-Géog.e pour les Globes, Sphères et Instrum.ts de Mathématiques, rue St Jacques, à l'Enseigne du Globe. A.P.D.R. 1764.

Echelle de dix mille d'Alemagne

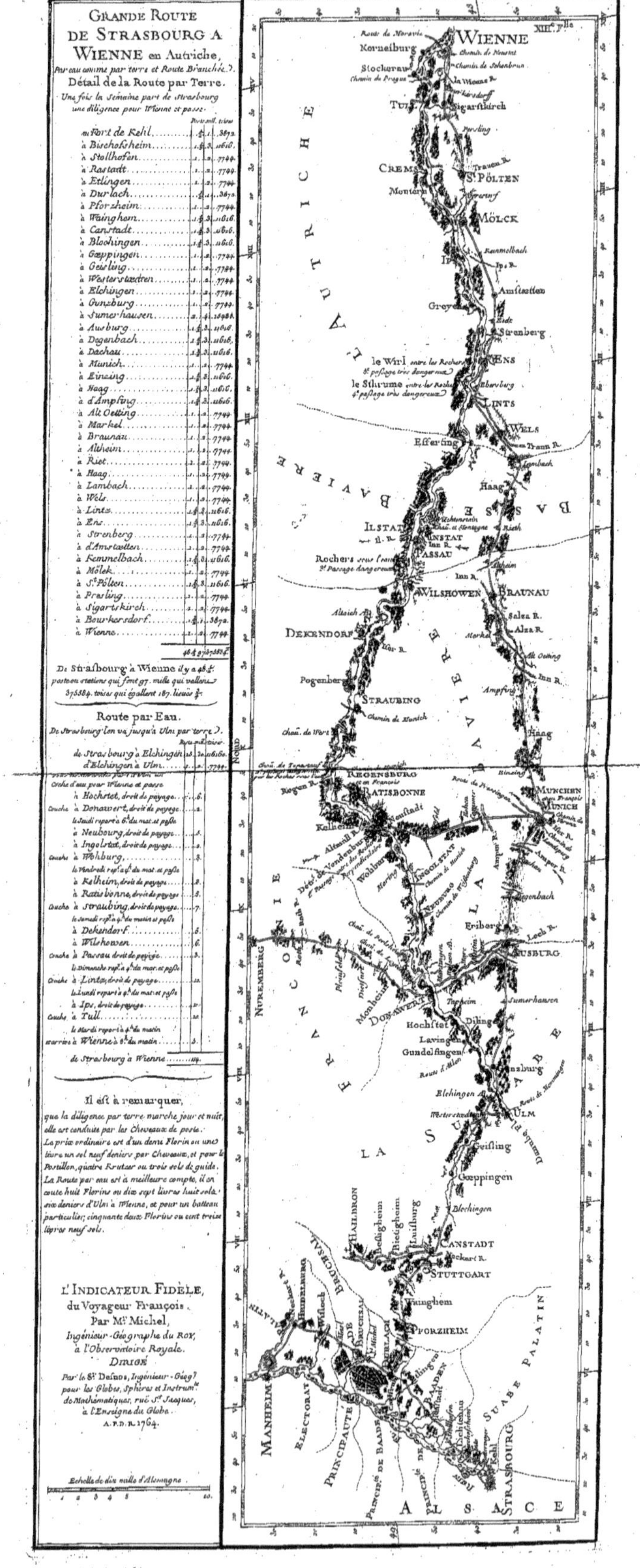

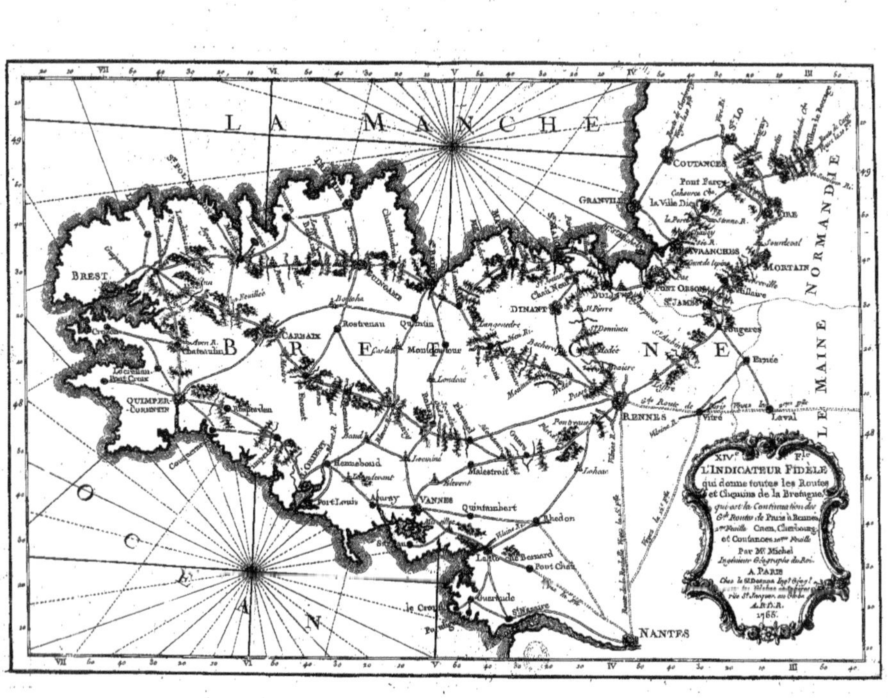

LA MANCHE
OCÉAN
BRETAGNE
LE MAINE
NORMANDIE
BREST
QUIMPER-CORENTIN
CARNAIX
Rostrenau
Quintin
Montcontour
Châteaulin
Port-Louis
VANNES
Quintambert
Malestroit
RENNES
Vitré
Laval
DINANT
DOL
PONT ORSON
St JAMES
Fougeres
Vitré
COUTANCES
GRANVILLE
AVRANCHES
MORTAIN
St LO
VIRE
NANTES
XIVe Fle
L'INDICATEUR FIDÈLE
qui donne toutes les Routes
et Chemins de la Bretagne,
qui est la Continuation des
Gdes Routes de Paris à Rennes,
1re Feuille Caen, Cherbourg
et Coutances 10eme Feuille
Par Mr Michel
Ingénieur Géographe du Roi.
A PARIS
Chez le Sr Desnos Ingr Géogr
rue St Jacques au Globe
A.P.D.R.
1765.

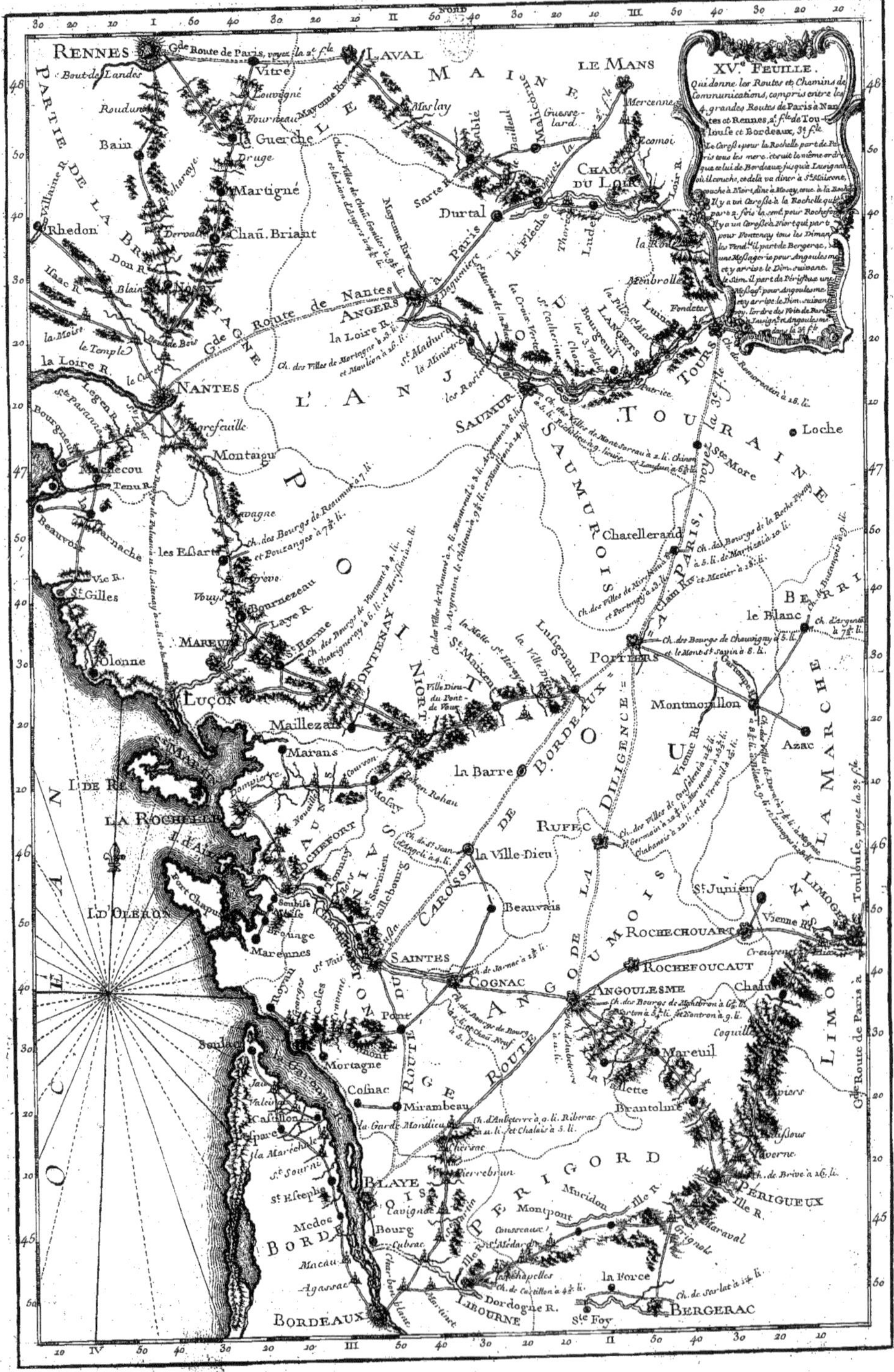

RENNES
LAVAL
LE MANS
XV.e FEUILLE.
Qui donne les Routes et Chemins de
Communications, compris entre les
4 grandes Routes de Paris à Nan-
tes et Rennes, à f.le de Tou-
louse et Bordeaux, 31 f.le
Vitré
Bout de Landes
Louvigné
Maslay
Mercenne
Roudun
Fourbeau
Guesselard
Bain
Druge
Ecomoi
la Guerche
Sarte R.
CHAU.
DU LOIR
Martigné
Durtal
la Flèche
Rhedon
Dervalle
Chau. Briant
Montbrolle
Don R.
la Route
Isaac R.
Blain
Fondete
la Moist
le Temple
Gde Route de Nantes
la Loire R.
PARTIE DE LA BRETAGNE
ANGERS
LANGERS
TOURS
la Loire R.
Legen R.
NANTES
L'ANJOU
Loche
Bourgneuf
Montaigu
SAUMUR
TOURAINE
Marefeuille
SAUMUROIS
Becou
Tenu R.
Chatellerand
BERRI
les Essarts
le Blanc
St Gilles
POITOU
Lusignan
POITIERS
LA MARCHE
Mareuil
FONTENAY
St Maixen
Montmorillon
Olonne
NIORT
Azac
LUÇON
Maillezai
Ville Dieu
du Pont
de Vou
BORDEAUX
LIMOG
Marans
la Barre
VIENNE
I. DE RE
LA ROCHELLE
RUFFEC
St Junien
il d'Aix
ROCHEFORT
la Ville-Dieu
ROCHECHOUART
Vienne R.
I. D'OLERON
SAINTONGE
Beauvais
ROCHEFOUCAUT
Marennes
SAINTES
ANGOULESME
Chal
COGNAC
ANGOUMOIS
Mortagne
Mareuil
LIMOI
Cosnac
Brantolme
Mirambeau
ROUTE DE
ROUTE
PERIGORD
Cevr
BLAYE
PÉRIGUEUX
Montpont
Ille R.
Medoc
Bourg
Maraval
Cubac
BORD
Macau
la Force
Agassac
Dordogne R.
BERGERAC
BORDEAUX
LIBOURNE
Ste Foy
OCEAN
NORD

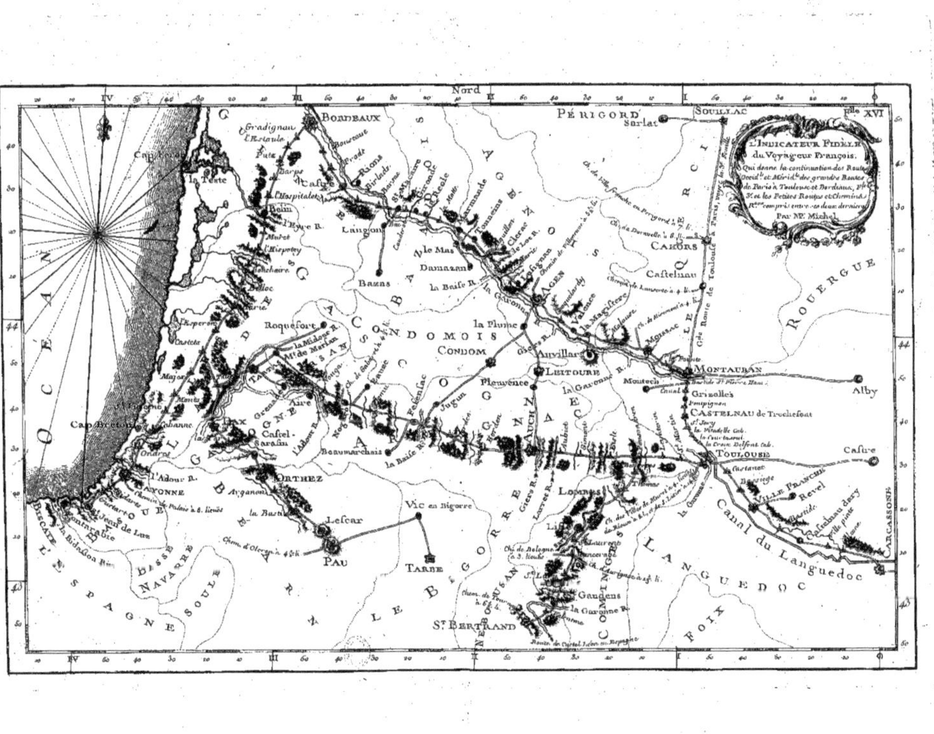

Nord
Feuille XVI
L'INDICATEUR FIDÈLE du Voyageur François.
Qui donne la continuation des Routes Occidles et Méridles des grandes Routes de Paris à Toulouse et Bordeaux, Nos et Xe et les Petites Routes et Chemins Ranx compris entre ces deux dernières. Par Mr. Michel
OCÉAN
ESPAGNE
NAVARRE
SOULE
BASSE NAVARRE
LABOUR
BÉARN
LE BIGORRE
COMINGES
FOIX
LANGUEDOC
ROUERGUE
PÉRIGORD
QUERCI
AGENOIS
CONDOMOIS
BAZADOIS
LANDES
CHALOSSE
GASCOGNE
ARMAGNAC
Canal du Languedoc
BORDEAUX
SOUILLAC
Sarlat
CAHORS
Castelnau
MONTAUBAN
Alby
CASTELNAU de Trochefeat
Casure
TOULOUSE
VILLE FRANCHE
Revel
CARCASSONNE
Gradignau
L'Eristaule
Puts
Barps
Castre
L'Hospitalet
Belin
L'Hure R.
Murot
L'Hispotey
Lohchaire
Belloc
Roquefort
L'Esperan
Castets
Major
Cap Breton
Cabanne
Orient
L'Adour R.
BAYONNE
Ciraro
St Jean de Luz
Fontarabie
la Bidassoa Riv.
Langon
Bazas
Damazan
Vile Mas
la Baise R.
la Garonne R.
AGEN
la Plume
CONDOM
Auvillars
LECTOURE
la Garonne R.
Pleuvence
Jugan
AUCH
Castelsaraan
Beaumarchais
la Baise Riv.
Gers R.
ORTHEZ
Arganou
la Bastide
Lescar
PAU
VIC en Bigorre
TARBE
St BERTRAND
Gaudens
la Garonne R.
LOMBES
Laurens
Grisolles
Pompignon
Moustech
Moissac
Ville Franche en 3e Route
Route de Toulouse
Route de Paris
Canal du Languedoc

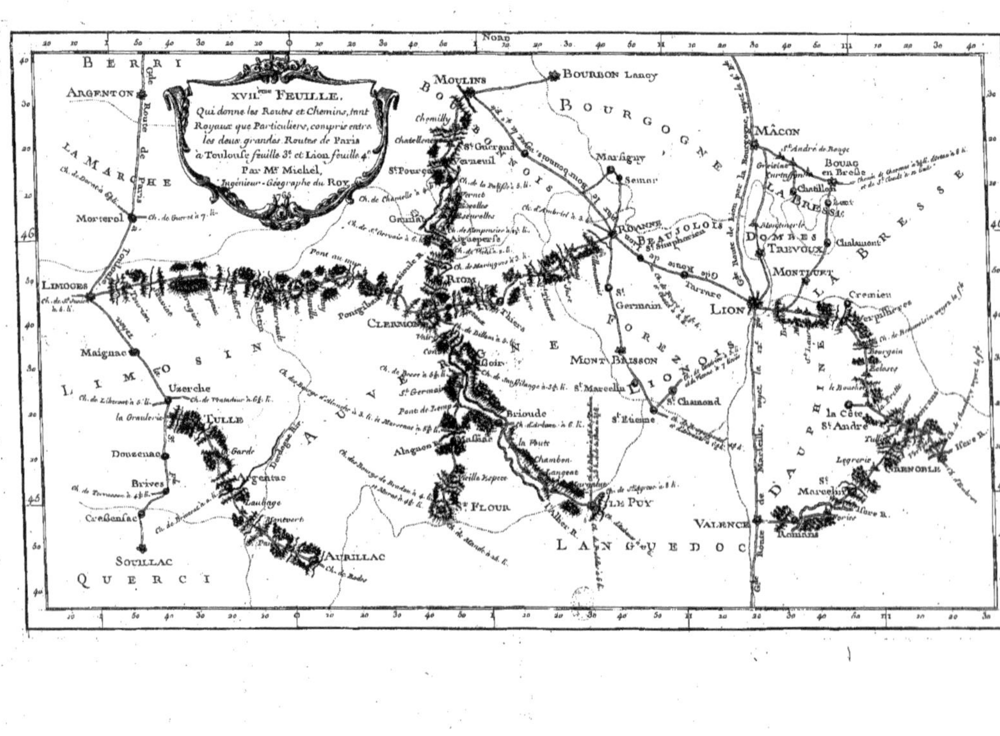
NORD
XVII.me FEUILLE.
Qui donne les Routes et Chemins, tant
Royaux que Particuliers, compris entre
les deux grandes Routes de Paris
à Toulouse feuille 3.e et Lion feuille 4.e
Par Mr Michel,
Ingénieur-Géographe du Roy.
1766
BERRI
ARGENTON
LA MARCHE
Morterol
LIMOGES
Maignac
LIMOSIN
Uzerche
TULLE
Donzenac
Brives
Argentac
Laubage
Cressensac
SOUILLAC
QUERCI
AURILLAC
Montvert
St FLOUR
Alagnon
Brioude
MOULINS
Chemilly
Chatellenes
St Gerand
Verneuil
St Pourçain
Gannat
RIOM
CLERMONT
Thiers
Noirétable
St Germain
BOURBON Lancy
BOURGOGNE
Marigny
Semur
ROANNE
BEAUJOLOIS
FOREZ
LIONNOIS
MONT BRISSON
St Marcellin
St Chamond
St Etienne
LE PUY
LANGUEDOC
MÂCON
St André de Bouge
BOUAG
en Bresse
Chatillon
LA BRESSE
DOMBES
TREVOUX
MONTLUEL
Chalamont
LION
Cremieu
la Côte
St André
DAUPHINÉ
St Marcellin
GRENOBLE
VALENCE
Romans
Isere R.

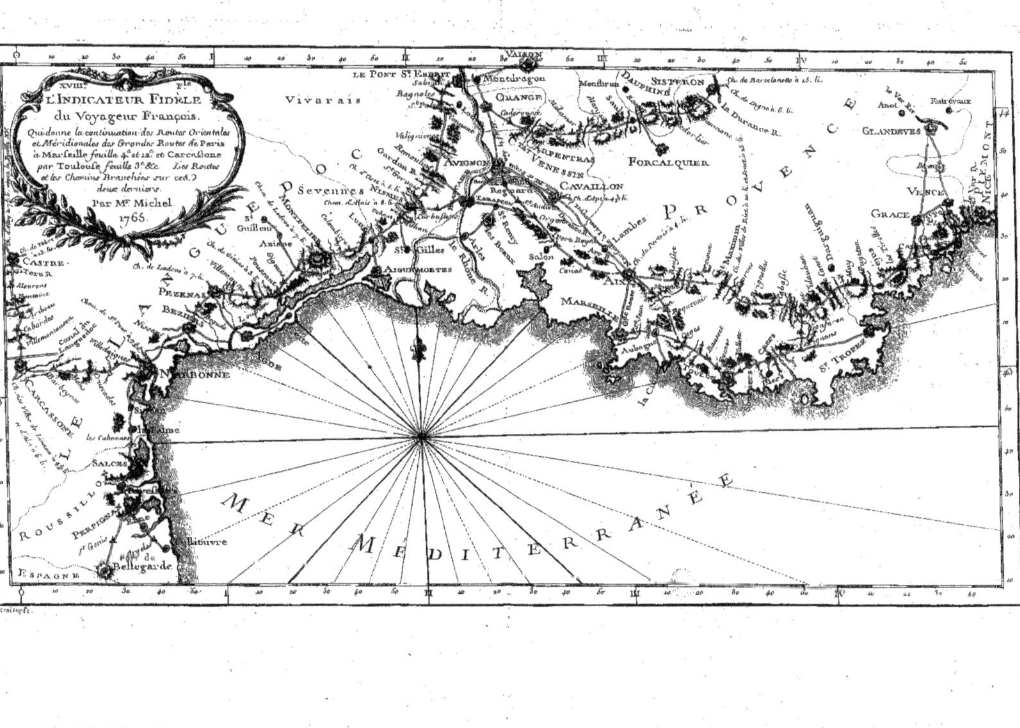

XVIII. Pl.
L'INDICATEUR FIDÈLE
du Voyageur François.
Qui donne la continuation des Routes Orientales
et Méridionales des Grandes Routes de Paris
à Marseille feuille 4.e et 12.e et Carcassone
par Toulouse feuille 3.e &c. Les Routes
et les Chemins Branchées sur ced.
deux dernière.
Par M.r Michel
1765
Vivarais
LANGUEDOC
Sevennes
Guillem
Anane
PEZENAS
BEZIERS
NARBONNE
CASTRE
Torn R.
CARCASSONE
ROUSSILLON
PERPIGNAN
SALCES
St Genis
Illiouvre
ESPAGNE
Bellegarde
LE PONT St ESPRIT
Bagnols
St Paul
Montdragon
ORANGE
AVIGNON
VENESSIN
CARPENTRAS
CAVAILLON
Tarascon
St Gilles
AIGUESMORTES
Arles
Salon
MARSEILLE
MONTFERAN
DAUFHINE
SISTERON
FORCALQUIER
PROVENCE
Gl. ANDREVES
VENCE
GRACE
St TROPES
AIX
Fatrevaux
PIEMONT
MER MEDITERRANÉE
la Durance R.

PROSPECTUS
DU GUIDE DES VOYAGEURS,

Pour les Routes Royales & Particulieres de la France & autres.

IL y a long-tems que l'on se plaint de ne pas avoir assez de secours pourfaciliter le commerce & les voyages. Des gens instruits, ont senti cet inconvénient, & comme c'est aux Sciences à fournir aux besoins de la Société, ils ont imaginé de réunir la Géographie & le compas Géométrique, pour donner aux Commerçans & aux Voyageurs, les lumieres qui leur ont manqué jusqu'ici. On présente donc au Public *un Guide des Voyageurs ou Indicateur Fidèle*, qui met sous les yeux les routes qu'il faut tenir pour aller d'une Ville à une autre, & les distances qui se trouvent entre chacune de ces Villes.

Afin de pouvoir partir d'un point fixe, on a choisi Paris pour centre; c'est-à-dire, que l'on suppose un Voyageur qui veut se transporter de Paris dans les différentes Villes du Royaume, & de ces Villes à Paris; on lui a tracé avec exactitude tous les lieux qui se trouvent sur son passage, &, s'il faut le dire, on a compté tous ses pas.

Chacune des Routes est sur une Carte séparée, dont le prix est fort modique, & chaque Carte, est enluminée de maniere que l'on y connoît les limites des Provinces, les Villes, les Bourgs, les Villages, les Montagnes, les Prés, les Bois. On a même porté l'exactitude jusqu'à faire distinguer à l'œil les chemins, plantés d'Arbres sous lesquels on peut marcher à couvert. Communément celui qui entreprend une route, consulte ceux qui l'ont faite avant lui; s'il est en chemin, il s'informe, à mesure qu'il avance, du nombre des lieues qui lui restent à faire, des endroits où il peut prendre ses repas, ou passer le tems de la nuit, & rarement on lui donne là-dessus des réponses précises. Avec une de nos Cartes, le Voyageur n'a aucun besoin de toutes ces demandes; il voit tous les endroits par lesquels il doit passer, & une juste mesure de leur éloignement respectif; il connoît en même-tems les Bourgs, les Villages, les Hameaux, les Fermes, les Maisons Religieuses, les Bois, les Prés, les Avenues, les Rivieres, les Ponts, les Gués, les Ruisseaux, les Étangs, & les Marais; enfin, jusqu'aux Montagnes & aux Plaines qu'il a à traverser.

Veut-il se servir des Voitures établies pour le Public, comme Diligences, Coches, Carosses, Messageries; il voit à côté de la Carte un Itinéraire instructif & raisonné qui indique le jour, l'heure du départ, la dînée, la couchée de ces voitures & le nombre des lieuës qu'elles font par jour; souvent plusieurs Routes mènent à un même endroit, on les a mises à côté l'une de l'autre, & le Voyageur trouvera dans toutes une exactitude égale.

Les Cartes de ces Routes se vendent ensemble ou séparément par feuilles détachées, & leur forme est portative. Le Voyageur peut aisément en enfermer une dans un Porte-feuille, & la consulter au besoin. Elles éclairent, elles dirigent, & elles mettent celui qui en est possesseur, dans le cas de se passer de tous les renseignemens que l'on recherche dans les voyages; enfin, elles sont entierement consacrées à l'utilité Publique, & au besoin de tous ceux qui voyagent. C'est le seul but que l'on s'est proposé en les mettant au jour. Pour nous conformer au goût de tous les Particuliers, qui voudront faire l'acquisition de cet Ouvrage, comme Voyageurs, ou simplement comme Amateurs, nous l'avons mis sous plusieurs formes différentes, dont voici les prix.

Grand *in*-4°, relié en veau, ... 15 livres.

Relié en carton .... 14 liv.

Broché d'une maniere commode & portative, pour être mis dans la poche..... 12 liv.

En feuilles.. 11 liv. 8 s.

& chaque Route détachée sur une feuille particuliere................................ 15 s.

On en trouvera de même de collées fur toile, ou taffetas; d'imprimées fur peau ou fatin, que l'on vendra féparément dans leurs étuis; enfin on en formera un Volume *in-8°* ou même *in-12.* & de telle forme que chacun pourra le défirer.

Ces Cartes fon dédiées à M. Caffini de Thury, Seigneur de Villetaneufe, Directeur de l'Obfervatoire Royal, Maîtres des Comptes, Affocié des Académies des Sciences de Paris, Londres, Berlin, Munick, &c &c.

Dreffées par M. MICHEL, Ingénieur-Géographe du Roi à l'obfervatoire & dirigées par le Sieur DESNOS, Ingénieur-Géographe pour les Globes & Sphères, rue Saint-Jacques, à l'Enfeigne du Globe où elles fe vendent, & à l'Obfervatoire.

A PARIS.

AVEC APPROBATION ET PRIVILEGE DU ROI.

AVIS.

ON trouve chez le Sieur DESNOS, toutes fortes de Cartes de Géographie, tant générales que Particulieres; Atlas Modernes de Géographie & d'Hiftoire pour l'intelligence des quatre Principaux Hiftoriens, le Tableau Analytique de la France, depuis l'établiffement de la Monarchie jufqu'à Louis XV. Recueils complets des Cartes de tous les Auteurs; Plans de Paris, collés fur toile, montés fur gorge de toutes grandeurs, Banlieue & environs de la Capitale; Généralité de Paris; Cartes Particulieres des Elections du Royaume; Guide des Voyageurs, Routes Royales & Particulieres de la France; Globes & Sphères pour les Cabinets & Bibliothèques; Inftrumens de Mathématiques, & généralement tout ce qui concerne les Sciences.

CATALOGUE ALPHABETIQUE,

DES ROUTES ROYALES ET PARTICULIERES,

Que contiennent toutes les Feuilles de l'Indicateur Fidéle, ou Guide des Voyageurs.

ROUTE DE PARIS AUX VILLES DE PROVINCE,

Des Villes à Paris, & des différentes Villes entr'elles.

Feuilles.			Provinces.
	A		
2ᵉ Fˡᵉ	à Angers.........	Ville.	Anjou.
	à Alençon......	Ville.	Normandie.
	à Ancenis......	Ville.	Bretagne.
3 F.	à Arpajon......	Ville.	Isle de France.
	à Artenay.......	Bourg.	Orléanois.
	à Argenton.....	Ville.	le Berri.
	à Amboise......	Ville.	la Touraine.
	à Angoulême..	Ville.	Angoumois.
	à Aunay........	Ville.	Poitou.
	à Annier........	Bourg.	Xaintonge.
4 F.	à Auxerre......	Ville.	Bourgogne.
	à Arnay le Duc.	Bourg.	Bourgogne.
6 F.	à Arcis sur Aube.	Bourg.	Champagne.
	à Ancy-le-Franc.	Bourg.	Bourgogne.
	à Arc...........	Ville.	Champagne.
	à Auxonne.	Ville.	Bourgogne.
7 F.	à Arlons........	Ville.	Duché de Luxembourg.
8 F.	à Altkirch......	Ville.	Alsace.
9 F.	à Arras.........	Ville.	Artois.
	à Armentières.	Ville.	Flandre.
	à Ath...........	Ville.	Pays-Bas.
10 F.	à Argences.....	Bourg.	Normandie.
	à Amiens........	Ville.	Amienois.
	à Ault..........	Bourg.	Normandie.
	à Aire..........	Ville.	Flandre.
	à Ardres........	Ville.	Flandre.
11 F.	à Amsterdam..	Ville.	Hollande.
	à Antwerpen...	Ville.	Hollande.
12 F.	à Aix...........	Ville.	Provence.
13 F.	à Ausbourg....	Ville.	Suabe Allemagne.
	à Amstetten....	Bourg.	Allemagne.
	B		
2 F.	Bellesme........	Ville.	Le Maine.

Feuilles.			Provinces.
3ᵉ Fˡᵉ	Brives.........	Ville.	Limosin.
	Blois...........	Ville.	Orléanois.
	Barbezieux...	Bourg.	Angoumois.
	Barre. (la)...	Bourg.	Poitou.
	Briou..........	Bourg.	Poitou.
	Blaye..........	Ville.	Bordelois.
	Bordeaux.....	Ville.	Bordelois.
4 F.	Beau Moulin.	Bourg.	Orléanois.
	Briare.	Ville.	Orléanois.
	Bonni..........	Ville.	Orléanois.
5 F.	Bar-le-Duc...	Ville.	Lorraine.
	Blamont.......	Ville.	Lorraine.
6 F.	Brie-Comte-Robert.......	Ville.	Brie.
	Bray...........	Ville.	Champagne.
	Bar-sur-Seine..	Ville.	Champagne.
	Baigneux.	Bourg.	Bourgogne.
	Beaune.	Ville.	Bourgogne.
	Besançon.....,	Ville.	Franche Comté.
	Beaume-les-Dames..	Ville.	Franche Comté.
	Belfort.........	Ville.	Franche Comté.
	Basle..........	Ville.	Suisse.
	Bacarat........	Bourg.	Lorraine.
	Benfelden.....	Bourg.	Alsace.
	Braine.........	Ville.	Soissonnois.
7 F.	Bouillon......	Ville.	Duché.
	Boulay........	Ville.	Lorraine.
	Bellem.	Bourg.	Principauté de Spire.
8 F.	Bar-sur-Aube..	Ville.	Champagne.
	Belfort.........	Ville.	Franche Comté.
	Basle..........	Ville.	Suisse.
9 F.	Bapaume....,	Ville.	Artois.
	Bailleul.	Ville.	Flandre.
	Berge..........	Ville.	Flandre.
	Bouchain.....	Ville.	Flandre.
	Bruxelles....,	Ville.	Pays-Bas.
	Braine-le-Comte..	Bourg.	Pays-Bas.

A

Feuilles.			Provinces.
10e Fle	Bayeux	Ville.	Normandie.
	Beaumont	Ville.	Isle de France.
	Beauvais	Ville.	Beauvoisis.
	Blangis	Bourg.	Normandie.
	Breteuil	Bourg.	Amienois.
	Bethune	Ville.	Artois.
	Boulogne	Ville.	Boulonois.
11 F.	Bergop-Zoom	Ville.	Pays-Bas.
12 F.	Boleme	Bourg.	Valentinois.
13 F.	Bruchsal	Ville.	Allemagne.
	Bessigheim	Bourg.	Allemagne.
	Bichgheim	Bourg.	Allemagne.
	Braunau	Ville.	Allemagne.

C

Feuilles.			Provinces.
2 F.	Chartres	Ville.	la Beauce.
	Château-Neuf	Ville.	Isle de France.
	Courville	Bourg.	Beaune.
3 F.	Château-Roux	Ville.	Berri.
	Cressensac	Bourg.	Limosin.
	Cahors	Ville.	Périgord.
	Castelnau-de-Montrattier	Ville.	Périgord.
	Castelnau-de-Treschefont	Ville.	Périgord.
	Clery	Ville.	Orléanois.
	Celle (le)	Bourg.	Saumurois.
	Châtelleraud	Ville.	Saumurois.
	Chenay	Bourg.	Poitou.
	Colombier	Bourg.	Poitou.
4 F.	Chany	Ville.	Bourgogne.
	Châlons-sur-Saone	Ville.	Bourgogne.
	Cône	Ville.	Orléanois.
	Charité (la)	Ville.	Nivernois.
5 F.	Château-Thierri	Ville.	la Brie.
	Châlon-en-Champagne	Ville.	Champagne.
6 F.	Chârenton	Bourg.	Isle de France.
	Coulomiers	Ville.	Brie.
	Courteron	Bourg.	Bourgogne.
	Châtillon	Ville.	Bourgogne.
	Château-Vilain	Ville.	Champagne.
	Chanceaux	Bourg.	Bourgogne.
	Chagny	Ville.	Bourgogne.
	Chaumont	Ville.	Bassigny.
	Clerval	Bourg.	Franche-Comté.
	Colmar	Ville.	Alsace.
7 F.	Crecy	Bourg.	Lanois.
	Lecherne	Ville.	Champagne.
	Clermont	Ville.	Clermontois.
	Creutze	Ville.	Electorat de Trèves.
	Caudel	Bourg.	Principauté de Spire.
	Château-Salins	Ville.	Lorraine.

Feuilles.			Provinces.
8e Fle	Chaumont	Ville.	Bassigny.
9 F.	Compiégne	Ville.	Isle de France.
	Cambrai	Ville.	Cambraisis.
	Cassel	Ville.	Flandre.
	Caën	Ville.	Normandie.
	Carentan	Ville.	Normandie.
	Cherbourg	Ville.	Normandie.
	Caudebec	Ville.	Pays-de-Caux.
	Cany	Bourg.	Normandie.
	Creil	Ville.	Beauvoisin.
	Clermont	Ville.	Beauvoisin.
10 F.	Chambly	Bourg.	Isle de France.
	Crotoy	Bourg.	Picardie.
	Calais	Ville.	Flandre.
	Cassel	Ville.	Flandre.
	Cudekerke	Bourg.	Flandre.
	Canterbury	Ville.	Angleterre.
	Chailey	Bourg.	Angleterre.
	Croydon	Bourg.	Angleterre.
	Cosham	Ville.	Angleterre.
11 F.	Charlemont	Ville.	Hainault.
12 F.	Cavaillon	Ville.	Provence.
13 F.	Carstruh	Ville.	Allemagne.
	Canstatt	Ville.	Allemagne.
	Crems	Ville.	Allemagne.

D

Feuilles.			Provinces.
2 F.	Dreux	Ville.	Isle de France.
	Durtal	Ville.	Anjou.
3 F.	Dourenac	Ville.	Limosin.
	Dange	Bourg.	Saumurois.
5 F.	Dormans	Ville.	Champagne.
6 F.	Dijon	Ville.	Bourgogne.
	Dol	Ville.	Franche-Comté.
7 F.	Dammartin	Ville.	Isle de France.
	Dun	Ville.	Champagne.
	Donchery	Ville.	Champagne.
	Dieuse	Ville.	Lorraine.
	Druzenheim	Bourg.	Alsace.
9 F.	Douay	Ville.	Flandre.
	Dixmude	Ville.	Pays-bas.
	Dunkerque	Ville.	Flandre.
10 F.	Dreux	Ville.	Isle de France.
	Dieppe	Ville.	Normandie.
	Doulens	Ville.	Picardie.
	Dunkerque	Ville.	Flandre.
	Douvre	Ville.	Angleterre.
	Dartfert	Ville.	Angleterre.
	Douhill	Bourg.	Angleterre.

Feuilles.			Provinces.
11e Fle	Delfft	Bourg.	Hollande.
	Dortrick	Ville.	Hollande.
13 F.	Durlach	Ville.	Allemagne.
	Dilingen	Ville.	Allemagne.
	Donawert	Ville.	Allemagne.
	Dekendort	Ville.	Allemagne.

E

Feuilles.			Provinces.
2 F.	Estampes	Ville.	Orléanois.
	Etolliers	Ville.	Bourdelois.
5 F.	Epernay	Ville.	Champagne.
6 F.	Epinal	Ville.	Lorraine.
	Erstein	Bourg.	Alsace.
	Evreux	Ville.	Normandie.
10 F.	Ecoüis	Bourg.	Normandie.
	Eu	Ville.	Normandie.
	Etaples	Ville.	Allemagne.
13 F.	Etlingen	Ville.	Picardie.
	Efferting	Ville.	Allemagne.

F

Feuilles.			Provinces.
2 F.	Flèche (la)	Ville.	Anjou.
3 F.	Ferté (la)	Ville.	Orléanois.
4 F.	Fontainebleau	Ville.	Isle de France.
5 F.	Ferté (la)	Ville.	Brie.
6 F.	Ferté (la)	Ville.	Champagne.
	Favernay	Bourg.	Franche-Comté.
7 F.	Fisme	Ville.	Champagne.
	Francfort	Ville.	Franconie.
	Franckendel	Ville.	Palatine.
	Fenestrange	Ville.	Lorraine.
8 F.	Fayl-Billot	Bourg.	Franche-Comté.
10 F.	Fécamp	Ville.	Normandie.
	Frevent	Bourg.	Picardie.
	Feversham	Ville.	Angleterre.
13 F.	Friberg	Ville.	Allemagne.

G

Feuilles.			Provinces.
3 F.	Grizolles	Bourg.	Gascogne.
6 F.	Gyé	Bourg.	Bourgogne.
	Guemar	Ville.	Alsace.
7 F.	Guise	Ville.	Thiérache.
9 F.	Gonnesse	Ville.	Isle de France.
	Guise	Ville.	Thierache.
	Gramont	Ville.	Pays-Bas.
10 F.	Gaillon	Bourg.	Normandie.
	Gamaches	Bourg.	Normandie.
	Gravelines	Ville.	Flandre.
	Guilford	Ville.	Angleterre.
	Grinstead	Bourg.	Angleterre.
	Gravesend	Ville.	Angleterre.

Feuilles.			Provinces.
13e Fle	Goppingen	Ville.	Allemagne.
	Geisling	Ville.	Allemagne.
	Gunsburg	Ville.	Allemagne.
	Gundelfing	Ville.	Allemagne.
	Greyen	Ville.	Allemagne.

H

Feuilles.			Provinces.
2 F.	Houdan	Ville.	Isle de France.
7 F.	Haag	Ville.	Electorat de Tréves.
9 F.	Halle	Ville.	Pays-Bas.
	Ham	Ville.	Picardie.
10 F.	Haudan	Ville.	Isle de France.
	Harfleur	Ville.	Pays de Caux.
	Havre (le)	Ville.	Pays de Caux.
	Haven	Ville.	Angleterre.
11 F.	Haag	Ville.	Hollande.
13 F.	Hailbron	Ville.	Allemagne.
	Heidelberg	Ville.	Allemagne.
	Hochstel	Ville.	Allemagne.
	Hochstel	Ville.	Franconie.
	Haag	Ville.	Allemagne.

I & J

Feuilles.			Provinces.
2 F.	Javron	Bourg.	Le Maine.
	Ingrande	Ville.	Bretagne.
4 F.	Joigny	Ville.	Bourgogne.
6 F.	Joinville	Ville.	Champagne.
10 F.	Isigny	Ville.	Normandie.
	Illebonne	Bourg.	Pays de Caux.
13 F.	Ingolstatt	Ville.	Allemagne.
	Ips	Ville.	Allemagne.

K

Feuilles.			Provinces.
9 F.	Kievrain	Bourg.	Pays-Bas.
10 F.	Kingston	Bourg.	Angleterre.
13 F.	Kehl	Fort.	Alsace.
	Kelheim	Ville.	Allemagne.
	Korneiburg	Ville.	Allemagne.

L

Feuilles.			Provinces.
2 F.	Laval	Ville.	Le Maine.
3 F.	Linas	Bourg.	Isle de France.
	Lonjumaux	Bourg.	Isle de France.
	Limoges	Ville.	Limosin.
	Loupiac	Bourg.	Périgord.
	Lusignant	Ville.	Poitou.
4 F.	Lyon	Ville.	Lyonnois.
5 F.	Ligny	Ville.	Lorraine.
	Luneville	Ville.	Lorraine.

Feuilles.			Provinces.
6ᵉ Fˡᵉ	Laigues. . . .	Bourg.	Bourgogne.
	Luxul.	Ville.	Franche-Comté.
	Langres. . . .	Ville.	Champagne.
	Laon.	Ville.	Laonois.
	Longuion. . .	Ville.	Lorraine.
7 F.	Longwy . .	Ville.	Pays Messin.
	Luxembourg. .	Ville.	Duché.
	Lauterbourg. .	Ville.	Alsace.
8 F.	Langres. . .	Ville.	Champagne.
	Louvres. . .	Ville.	Isle de France.
9 F.	Landrecy. . .	Ville.	Hainault.
	Lille. . . .	Ville.	Flandre.
	Lens. . . .	Ville.	Artois.
	Lisieux. . .	Ville.	Normandie.
	Liliers. . .	Ville.	Flandre.
10 F.	Luzarche. . .	Ville.	Isle de France.
	Lewes. . .	Ville.	Angleterre.
	Londres.	Ville.	Angleterre.
11 F.	Leyden. . .	Ville.	Hollande.
12 F.	Lambés. . .	Bourg.	Provence.
13 F.	Lichtenau. .	Bourg.	Allemagne.
	Lavingen. .	Ville.	Allemagne.
	Lints. . . .	Ville.	Allemagne.

M

Feuilles.			Provinces.
2 F.	Mans. (le). .	Ville.	le Maine.
	Mortagnes. .	Ville.	le Maine.
3 F.	Mortroles. .	Ville.	la Marche.
	Magnac. . .	Ville.	Limosin.
	Montauban. . .	Ville.	Périgord.
	Manle. . . .	Bourg.	Poitou.
	Mirambeau. .	Ville.	Xaintonge.
4 F.	Moret. . . .	Ville.	Bourgogne.
	Mâcon. . . .	Ville.	Bourgogne.
	Montargis. .	Ville.	Orléans.
	Moulins. . .	Ville.	Bourbonnois.
5 F.	Meaux. . . .	Ville.	La Brie.
	Mestre. . . .	Ville.	Pays Messin.
	Meulan. . . .	Ville.	Isle de France.
	Montreau. . .	Ville.	Champagne.
6 F.	Mircourt. . .	Ville.	Lorraine.
	Montbelliard. .	Ville.	Franche-Comté.
	Mussy-Leveque. . .	Ville.	Bourgogne.
	Maubertfontaine. . .	Ville.	Thiérache.
	Merière. . .	Ville.	Champagne.
	Mouron. . .	Ville.	Champagne.
	Mousa. . . .	Ville.	Champagne.
7 F.	Mestre. . . .	Ville.	Pays Messin.
	Marsal. . . .	Ville.	Lorraine.
	Moyen-Vic. .	Bourg.	Pays Messin.
	Mayence. . .	Ville.	Electorat.

Feuilles.			Provinces.
8ᵉ Fˡᵉ	Marckolsheim . . .	Ville.	Alsace.
9 F.	Maubeuge. . .	Ville.	Hainault.
	Mons. . . .	Ville.	Pays-Bas.
	Meulan. . .	Ville.	Isle de France.
	Mantes . . .	Ville.	Isle de France.
10 F.	Montivilliers.	Bourg.	Pays de Caux.
	Montreuil. . .	Ville.	Picardie.
	Marseille. . .	Bourg.	Picardie.
11 F.	Mordick. . .	Ville.	Pays-Bas.
	Méchelen. . .	Ville.	Pays-Bas.
	Marienbourg.	Ville.	Hainault.
	Montélimart.	Ville.	Valentinois.
12 F.	Montdragon.	Bourg.	Valentinois.
	Marseille. . .	Ville.	Provence.
	Manheim. . .	Ville.	Electorat.
	Monheim. . .	Bourg.	Allemagne.
13 F.	Munich. . .	Ville.	Electorat.
	Molck. . . .	Ville.	Allemagne.
	Moutern. . .	Ville.	Allemagne.

N

Feuilles.			Provinces.
2 F.	Nonancourt.	Ville.	Isle de France.
	Nantes. . .	Ville.	Bretagne.
3 F.	Nouan. . . .	Ville.	Orléanois.
	Nouen-sur-Loir. . . .	Ville.	Orléanois.
	Nemours. . .	Ville.	Orléanois.
4 F.	Neuwy. . . .	Bourg.	Orléanois.
	Nevers. . . .	Ville.	Nivernois.
5 F.	Nancy. . . .	Ville.	Lorraine.
	Nogent. . . .	Ville.	Champagne.
6 F.	Neuville. .	Bourg.	Bourgogne.
	Nuys. . . .	Ville.	Bourgogne.
7 F.	Nanteuil. .	Bourg.	Isle de France.
8 F.	Nogent. .	Ville.	Champagne.
	Neubrisac. . .	Ville.	Alsace.
9 F.	Noyon. . . .	Ville.	Picardie.
	Nieuport. .	Ville.	Pays-Bas.
10 F.	Nonancourt.	Ville.	Isle de France.
11 F.	Namur. . . .	Ville.	Hainault.
13 F.	Nuremberg. .	Ville.	Allemagne.
	Neuburg. . .	Ville.	Allemagne.

O

Feuilles.			Provinces.
3 F.	Orléans. . . .	Ville.	Orléanois.
7 F.	Ogersheim. .	Ville.	Alsace.
	Oppenheim. .	Ville.	Electorat de Mayence.
9 F.	Ostende. . .	Ville.	Pays-Bas.
	Origny. . .	Bourg.	Picardie.
12 F.	Orange. . . .	Ville.	Valentinois.

Feuilles.			Provinces.
P			
2ᵉ Fˡᵉ	Préenpaille. . .	Bourg.	Le Maine.
	Peyrac.	Bourg.	Périgord.
3 F.	Poitiers.	Ville.	Poitou.
	Pons.	Bourg.	Xaintonge.
	Plaſſac.	Bourg.	Xaintonge.
4 F.	Pont-ſur-Yonne.	Bourg.	Champagne.
	Pouilly.	Ville.	Nivernois
5 F.	Phalsbourg. . .	Ville.	Alſace.
	Pont-ſur-Vanne.	Bourg.	Champagne.
	Plombiere. . .	Ville.	Lorraine.
6 F.	Provins. . . .	Ville.	Brie.
	Pont-ſur-Seine.	Ville.	Champagne.
	Porrentrui. . .	Ville.	Principauté de Spire.
7 F.	Phalsbourg. . .	Ville.	Alſace.
	Provins. . . .	Ville.	Brie.
8 F.	Pont-ſur-Seine.	Ville.	Champagne.
	Port-ſur-Saone.	Bourg.	Franche-Comté.
9 F.	Pont Ste Maxence.	Ville.	Picardie.
	Peronne. . . .	Ville.	Picardie.
	Poiſſy.	Bourg.	Iſle de France.
	Pont de l'Arche	Ville.	Normandie.
10 F.	Pontoiſe. . . .	Ville.	Iſle de France.
	Portsmouth. . .	Ville.	Angleterre.
	Petersfield. . .	Ville.	Angleterre.
11 F.	Philippeville. .	Ville.	Hainault.
12 F.	Pont S. Eſprit.	Ville.	Valentinois.
13 F.	Pforzheim. . .	Ville.	Allemagne.
	Pogenberg. . .	Bourg.	Allemagne.
	Poſſau.	Ville.	Allemagne.
R			
2 F.	Rennes.	Ville.	Bretagne.
	Rembouillet. .	Bourg.	Iſle de France.
	Remalard. . .	Bourg.	Le Maine.
4 F.	Rouvray. . . .	Bourg.	Bourgogne.
	Roanne. . . .	Ville.	Lyonnois.
	Rameru. . . .	Bourg.	Champagne.
	Rouvray. . . .	Bourg.	Bourgogne.
6 F.	Rufach. . . .	Ville.	Alſace.
	Raon Létape. .	Ville.	Lorraine.
	Rémiremont. .	Ville.	Lorraine.
7 F.	Rheims. . . .	Ville.	Champagne.
	Rethel.	Ville.	Champagne.
	Rocroy. . . .	Ville.	Thiérache.
	Rodemach. . .	Bourg.	Pays Meſſin.
9 F.	Roye.	Ville.	Picardie.
	Rouen.	Ville.	Normandie.
10 F.	Rue.	Bourg.	Normandie.
	Rocheſter. . .	Ville.	Angleterre.

Feuilles.			Provinces.
11ᵉ Fˡᵉ	Rotterdam. .	Ville.	Hollande.
13 F.	Ratisbonne. .	Ville.	Allemagne.
S			
2 F.	S. George. . .	Bourg.	Anjou.
	Salbris.	Ville.	Berri.
	Selon.	Bourg.	Berri.
	Souillac. . . .	Ville.	Périgord.
	S. Laurent. .	Bourg.	Orléanois.
3 F.	S. Dié.	Ville.	Orléanois.
	Ste Mare. . . .	Ville.	Touraine.
	Salizay. . . .	Bourg.	Poitou.
	S. Jean.	Ville.	Xaintonge.
	Saintes.	Ville.	Xaintonge.
	S. Génis. . . .	Bourg.	Xaintonge.
	Sens.	Ville.	Bourgogne.
	S. Prix.	Bourg.	Bourgogne.
4 F.	Saulieu.	Ville.	Bourgogne.
	S. Pierre le Moutier	Bourg.	Nivernois.
	S. Gerant. . .	Bourg.	Bourbonnois.
	S. Simphorien.	Bourg.	Lyonnois.
	S. Dizier. . .	Ville.	Champagne.
	S. Nicolas. .	Ville.	Lorraine.
5 F.	Sarbourg. . .	Ville.	Lorraine.
	Saverne. . . .	Ville.	Alſace.
	Strasbourg. .	Ville.	Alſace.
	Ste. Ménehoult. . .	Ville.	Champagne.
	Sens.	Ville.	Bourgogne.
	Ste Marie aux mines	Ville.	Lorraine.
6 F.	S. Diey.	Ville.	Lorraine.
	Strasbourg. .	Ville.	Alſace.
	Schleſtſtatt. .	Ville.	Alſace.
	Sernay.	Ville.	Alſace.
	Soiſſons. . . .	Ville.	Soiſſonnois.
	Sédan.	Ville.	Champagne.
	Stenay.	Ville.	Champagne.
	Ste. Ménehoult. . .	Ville.	Champagne.
7 F.	Suippe.	Ville.	Champagne.
	Sarlouis. . . .	Ville.	Pays Meſſin.
	Saverne. . . .	Ville.	Alſace.
	Spire.	Ville.	Principauté de Spire.
	Seltz.	Ville.	Alſace.
	Strasbourg. .	Ville.	Alſace.
8 F.	Strasbourg. .	Ville.	Alſace.
	Senlis.	Ville.	Iſle de France.
9 F.	Soigmes. . . .	Ville.	Pays-Bas.
	S. Quentin. .	Ville.	Picardie.
	Soiſſons. . . .	Ville.	Soiſſonnois.

Feuilles.			Provinces.
10 F.	Ste. Mere Eglise	Ville.	Normandie.
	S. Germain	Ville.	Isle de France.
	S. Denis	Ville.	Isle de France.
	S. Clair	Bourg.	Normandie.
	S. Vallery	Ville.	Pays de Caux.
	S. Omer	Ville.	Flandre.
	S. Paul	Ville.	Artois.
	S. Juste	Bourg.	Beauvoisis.
	Sistingborn	Ville.	Angleterre.
	Strétham	Ville.	Angleterre.
11 F.	S. Mihiel	Ville.	Lorraine.
12 F.	S. Audiol	Bourg.	Valentinois.
13 F.	Sigarstkirch	Bourg.	Allemagne.
	Stockerau	Bourg.	Allemagne.
	S. Polten	Ville.	Allemagne.
	Strenberg	Bourg.	Allemagne.
	Straubing	Ville.	Allemagne.
	Stuttgart	Ville.	Wirtemberg.

T

Feuilles.			Provinces.
3 F.	Thoury	Bourg.	Orléanois.
	Tours	Ville.	Touraine.
	Toulouse	Ville.	Gascogne.
4 F.	Tournus	Ville.	Bourgogne.
	Tarrare	Bourg.	Lyonnois.
5 F.	Toul	Ville.	Toulois.
6 F.	Troyes	Ville.	Champagne.
	Tonnerre	Ville.	Bourgogne.
	Talans	Ville.	Bourgogne.
7 F.	Tourteron	Bourg.	Champagne.
	Treves	Ville.	Electorat.
8 F.	Troyes	Ville.	Champagne.
9 F.	Tournay	Ville.	Pays-Bas.
10 F.	Tôtes	Bourg.	Pays de Caux.
	Thérouenne	Bourg.	Flandre.
	Treport	Bourg.	Normandie.
13 F.	Tull	Ville.	Allemagne.

U

Feuilles.			Provinces.
3 F.	Uzerche	Ville.	Limosin.
13 F.	Ulm	Ville.	Allemagne.

V

Feuilles.			Provinces.
2 F.	Versailles	Ville.	Isle de France.
	Verneuil	Ville.	Isle de France.
	Vitré	Ville.	Bretagne.

Feuilles.			Provinces.
3e Fle	Vierzon	Ville.	Berri.
	Vatan	Ville.	Berri.
	Veuves	Bourg.	Touraine.
	Ville-Dieu	Bourg.	Poitou.
	Vivonne	Bourg.	Poitou.
4 F.	Villeneuve la Gûlard	Bourg.	Bourgogne.
	Villeneuve le Roi	Bourg.	Bourgogne.
	Vermanton	Ville.	Bourgogne.
	Ville franche	Ville.	Lyonnois.
5 F.	Vitry-le-François	Ville.	Champagne.
	Verdun	Ville.	Pays Messin.
	Vic	Ville.	Verdunois.
6 F.	Villenoxe	Ville.	Champagne.
	Vitry-le-François	Ville.	Champagne.
	Vignory	Bourg.	Champagne.
	Villeneuve	Ville.	Champagne.
	Villemaur	Bourg.	Champagne.
	Vitteaux	Ville.	Bourgogne.
	Vesoul	Ville.	Franche Comté.
	Vauvillers	Bourg.	Lorraine.
7 F.	Villers-Coterets	Ville.	Isle de France.
	Verdun	Ville.	Verdunois.
	Vic	Ville.	Pays Messin.
8 F.	Vendœuvres	Ville.	Champagne.
	Vesoul	Ville.	Franche Comté.
	Vieuxbrisac	Ville.	Alsace.
9 F.	Valenciennes	Ville.	Flandre.
	Verberie	Ville.	Isle de France.
10 F.	Valogne	Ville.	Normandie.
	Vernon	Ville.	Normandie.
	Veulles	Bourg.	Pays de Caux.
	Viviers	Ville.	Valentinois.
11 F.	Valence	Ville.	Valentinois.
	Vienne	Ville.	Dauphinois.

W

Feuilles.			Provinces.
7 F.	Worms	Ville.	Palatinat.
13 F.	Wisloch	Bourg.	Allemagne.
	Waingheim	Bourg.	Allemagne.
	Wohburg	Bourg.	Allemagne.
	Wilshowen	Ville.	Allemagne.
	Wels	Ville.	Allemagne.
	Wienne	Ville.	Allemagne.

Y

Feuilles.			Provinces.
9 F.	Ypres	Ville.	Flandre.

FIN.

CATALOGUE ALPHABÉTIQUE
DU SUPPLÉMENT
DES 1380 VILLES ET ROUTES DE FRANCE.

La marque × veut dire que toutes les Villes & Bourgs auxquels elle est jointe, sont branchés sur la même Route, avec leur distance cotée en lieues.

Feuilles.	A		Provinces.
4e Fle	AUbigny.	Bourg.	Orléanois.
	Auxerre.	Ville.	Bourgogne.
	Avallon.	Ville.	Bourgogne.
5 F.	Ancerville.	Ville.	Champagne.
6 F.	Aignay.	Bourg.	Bourgogne.
7 F.	Attigny.	Bourg.	Champagne.
	Aubanton.	Bourg.	Thiérache.
9 F.	Albert.	Bourg.	Picardie.
	Amiens.	Ville.	Picardie.
	Anizy.	Bourg.	Launois.
	Avesne.	Ville.	Hainaut.
10 F.	Aubigny.	Bourg.	Artois.
	Avesne.	Bourg.	Artois.
	Arras.	Ville.	Artois.
	Auxy.	Bourg.	Picardie.
	Airaines.	Bourg.	Amiénois.
	Abbeville.	Ville.	Picardie.
	Argences.	Bourg.	Normandie.
	Andelis petit.	Bourg.	Normandie.
	Andelis grand.	Bourg.	Normandie.
	Aulnay.	Bourg.	Normandie.
	Anet.	Ville.	Isle de Franc.
14 F.	Avranches.	Ville.	Normandie.
	Auray.	Bourg.	Bretagne.
	Angers.	Ville.	Anjou.
	Azac.	Bourg.	La-Marche.
	Angoulême.	Ville.	Angoumois.
15 F.	Argenton. ×	Bourg.	Poitou.
	Argenton × (Château).	Bourg.	Poitou.
	Argenton. ×	Ville.	Poitou.
	Aizenay. ×	Ville.	Berri.
	Aubeterre. ×	Bourg.	Angoumois.
16 F.	Agen.	Ville.	Agenois.
	Auvillar.	Ville.	Agenois.
	Aire.	Ville.	Gascogne.

Feuilles.			Provinces.
S. 16e. Fle.			
16. F.	Auch.	Ville.	Armagnac.
	Alby.	Ville.	Languedoc.
	Aurignac. ×	Ville.	Languedoc.
17 F.	Aubenas.	Ville.	Languedoc.
	Argenton.	Ville.	Berri.
	Argentac.	Ville.	Limosin.
	Aurillac.	Ville.	Auvergne.
	Aigueperse.	Bourg.	Auvergne.
	Aubenas. ×	Bourg.	Languedoc.
	Alanche. ×	Bourg.	Auvergne.
	Ambriel. ×	Ville.	Lyonnois.
18 F.	Avignon.	Ville.	Vénaicin.
	Anot.	Bourg.	Provence.
	Antibes.	Ville.	Provence.
	Aix.	Ville.	Provence.
	Aubagne.	Bourg.	Provence.
	Arles.	Ville.	Provence.
	Aiguemorte.	Ville.	Languedoc.
	Aniane.	Ville.	Languedoc.
	Agde.	Ville.	Languedoc.
	Alby. ×	Ville.	Languedoc.
	Alet. ×	Ville.	Languedoc.
	Alais. ×	Ville.	Languedoc.
	Apt. ×	Ville.	Provence.
3 F.	Angerville.	Bourg.	Beauce.
	Achere.	Bourg.	Beauce.
2 F.	Ablis.	Bourg.	Isle de France.
	Authon.	Ville.	Beauce.

B

Feuilles.			Provinces.
2e. Fle.	BOnneval.	Ville.	Beauce.
	Brou. [ble.	Bourg.	Beauce.
	Bonne - Eta-	Bourg.	Maine.
3 F.	Beaugency.	Ville.	Orléanois.

Feuilles.	Suite de B.		Provinces.
4e. Fle.	Brinon.	Bourg.	Champagne.
	Bléneau.	Bourg.	Nivernois.
	Beaulieu.	Bourg.	Orléanois.
	Bourges.	Ville.	Berri.
5 F.	Bricy.	Ville.	Lorraine.
	Bourmont.	Ville.	Lorraine.
	Bugneville.	Bourg.	Lorraine.
6 F.	Bourbonne-les-Bains.	Ville.	Champagne.
	Beze.	Bourg.	Bourgogne.
	Bruyere.	Ville.	Lorraine.
	Berich.	Ville.	Alsace.
	Beauvoir. x	Bourg.	Franche-Comté.
7 F.	Beaumont.	Ville.	Hainault.
	Bruyeres.	Bourg.	Laonnois.
	Bar-le-Duc.	Ville.	Barrois.
	Bouzonville.	Ville.	Lorraine.
	Bitche.	Ville.	Lorraine.
	Bergzabern.	Ville.	Deux-ponts.
	Billirckheim.	Ville.	Palatinat.
8 F.	Brienne-le-Château.	Ville.	Champagne.
	Brie-Comté-Robert.	Ville.	Isle de France.
9 F.	Bassée (la).	Ville.	Artois.
	Baray.	Ville.	Hainaut.
	Bohain.	Ville.	Thiérache.
	Blerancourt.	Bourg.	Soissonnois.
10 F.	Bergues.	Ville.	Flandre.
	Bourbourg.	Bourg.	Flandre.
	Bosse (la).	Bourg.	Isle de France.
	Beaumont.	Ville.	Normandie.
	Bernay. x	Ville.	Normandie.
	Brionne.	Ville.	Normandie.
	Beuzeville.	Ville.	Normandie.
	Blangis.	Bourg.	Normandie.
	Bretteville. x	Ville.	Normandie.
	Barfleur.	Ville.	Normandie.
14 F.	Belle-Isle.	Ville.	Bretagne.
	Brest.	Ville.	Bretagne.
	Broons.	Bourg.	Bretagne.
15 F.	Bain.	Bourg.	Bretagne.
	Bourgeuil.	Bourg.	Anjou.
	Bourneuf.	Bourg.	Bretagne.
	Bouin.	Bourg.	Bretagne.
	Beauvoir.	Bourg.	Poitou.
	Bournereau.	Bourg.	Poitou.

Feuilles.			Provinces.
Suite de la 15e. Fle.	Barre (la).	Bourg.	Poitou.
	Blanc (le)	Ville.	Berri.
	Beauvais.	Bourg.	Saintonge.
	Brouage.	Bourg.	Aunis.
	Brantôme.	Bourg.	Périgord.
	Bergerac.	Ville.	Périgord.
	Bourg.	Ville.	Bordelois.
	Bordeaux.	Ville.	Bordelois.
	Blaye.	Ville.	Bordelois.
	Buzançois. x	Ville.	Berri.
	Bélac. x	Ville.	La Marche.
	Bourg x	Bourg.	Angoumois.
	Brives. x	Ville.	Limosin.
16 F.	Bordeaux.	Ville.	Bordelois.
	Bazas.	Ville.	Bazadois.
	Bélin.	Bourg.	Landes.
	Baumarchais.	Bourg.	Armagnac.
	Bayonne.	Ville.	Basques.
	Bologne. x	Ville.	Cominges.
17 F.	Brives. [cy.	Ville.	Limosin.
	Bourbon-Lã-Bourg-en-Bresse.	Ville.	Bresse.
	Brioude.	Ville.	Auvergne.
	Beauvoisin. x	Bourg.	Dauphiné.
	Bourgargetil. x	Bourg.	Languedoc.
	Billom. x	Bourg.	Auvergne.
	Besse.	Ville.	Auvergne.
	Bradon.	Bourg.	Auvergne.
	Brivesas.	Ville.	Limosin.
18 F.	Béziers.	Ville.	Languedoc.
	Bellegarde.	Fort.	Roussillon.
	Beaux (les).	Bourg.	Provence.
	Beaucaire.	Ville.	Languedoc.
	Barcelonette, x ou Barcelonne.	Ville.	Provence.

C

Feuilles.			Provinces.
2e. Fle.	Champrond.	Bourg.	Le Perche.
3. F.	Chartres.	Ville.	Beauce.
	Châteauneuf.	Ville.	Orléanois.
	Châteaudun.	Ville.	Orléanois.
4. F.	Courtenay.	Bourg.	Orléanois.
	Cerisiers.	Bourg.	Champagne.
	Château-Renard.	Bourg.	Orléanois.
	Chablis.	Ville.	Champagne.
	Coulanges.	Bourg.	Bourgogne.

Feuilles.			Provinces.
Suite de la 4e. Fle	Coulanges sur Yonne.	Bourg.	Bourgogne.
	Cravant.	Bourg.	Bourgogne.
	Charantenay.	Bourg.	Bourgogne.
	Chatel.	Bourg.	Bourgogne.
	Clamecy.	Ville.	Nivernois.
	Châtillon.	Bourg.	Orléanois.
	Corbeil.	Ville.	Isle de France.
6 F.	Champlitte.	Bourg.	Franch.Côté.
	Clervaux.	Bourg.	Champagne.
	Chatenois.	Bourg.	Alsace. [té.
	Conflans.	Bourg.	FrancheCom.
	Chaourse.	Ville.	Champagne.
	Châlons sur Saone.	Ville.	Bourgogne.
	Chaigny.	Ville.	Bourgogne.
	Chalons en Champagn.	Ville.	Champagne.
	Chatenois.	Bourg.	Lorraine.
	Charmes.	Ville.	Lorraine.
	Chatel.	Ville.	Lorraine.
7 F.	Charlemont.	Ville.	Hainaut.
	Chimay.	Ville.	Hainaut.
	Couvin.	Ville.	Hainaut.
	Crepy.	Ville.	Laonnois.
	Coucy.	Ville.	Soissonnois.
	Carignan.	Ville.	D. de Bouillô.
	Cormici.	Bourg.	Champagne.
	Crouy.	Bourg.	Brie.
9 F.	Condé.	Ville.	Flandre.
	Cateau (le).	Ville.	Cambresis.
	Castelet.	Ville.	Thiérache.
	Capelle (la).	Ville.	Thiérache.
	Chauny.	Ville.	Picardie.
10 F.	Cressy.	Bourg.	Picardie.
	Chaumont.	Ville.	Isle de France.
	Caumont.	Bourg.	Normandie.
	Canisy.	Bourg.	Normandie.
	Cerisy.	Bourg.	Normandie.
	Coutance.	Ville.	Normandie.
	Crévecœur. x	Bourg.	Normandie.
14 F.	Coutance.	Ville.	Normandie.
	Châteauneuf.	Ville.	Bretagne.
	Chatelaudrin.	Bourg.	Bretagne.
	Carhaix.	Ville.	Bretagne.
	Châteaulin.	Ville.	Bretagne.
	Crozon.	Fort.	Bretagne.
	Coquerneau.	Bourg.	Bretagne.
	Croisic.	Fort.	Bretagne.

Feuilles.			Provinces.
	Château-Briant.	Bourg.	Bretagne.
	Châteauduloir.	Ville.	Maine.
	Chalus.	Bourg.	Limosin.
	Castillon.	Bourg.	Bordelois.
	Cognac.	Bourg.	Saintonge.
	Coses.	Bourg.	Saintonge.
	Cognac.	Ville.	Angoumois.
	Châtelleraud.	Ville.	Poitou.
	Chinon. x	Ville.	Touraine.
15e. Fle	Châteaugontier. x	Ville.	Anjou.
	Chateigneray. x	Bourg.	Poitou.
	Confolent. x	Ville.	Poitou.
	Chebanois. x	Ville.	Poitou.
	Châteauneuf. x	Bourg.	Angoumois.
	Chalais. x	Bourg.	Angoumois.
	Castillon. x	Bourg.	Bordelois.
	Chauvigny, x	Bourg.	Poitou.
16 F.	Castres.	Ville.	Guyenne.
	Cepferot.	Fort.	Guyenne.
	Cap-Breton.	Fort.	Landes.
	Clérac.	Bourg.	Agénois.
	Condom.	Ville.	Condomois.
	Cahors.	Ville.	Quercy.
	Castelnau.	Ville.	Quercy.
	Castelnau.	Ville.	Languedoc.
	Castres.	Ville.	Languedoc.
	Carcassone.	Ville.	Languedoc.
	Castelnaudary.	Ville.	Languedoc.
	Castelsarafin.	Bourg.	Gascogne.
	Castel Léon. x	Ville.	Espagne.
17 F.	Creffenfac.	Bourg.	Limosin.
	Clermont.	Ville.	Auvergne.
	Châtillon.	Bourg.	Bresse.
	Chalamont.	Ville.	Dombes.
	Crémieu.	Bourg.	Dauphiné.
	Côte S. André (la).	Bourg.	Dauphiné.
	Chavanne. x	Ville.	Bresse.
	Chambery. x	Ville.	Savoye.
	Chantelle. x	Bourg.	Auvergne.
	Condrieu. x	Bourg.	Lyonnois.
	Chazel. x	Bourg.	Lyonnois.
18 F.	Carpentras.	Ville.	Vénaissin.
	Cavaillon.	Ville.	Vénaissin.
	Château-Renard.	Bourg.	Provence.
	Cannes.	Bourg.	Provence.
	Ciotat (la).	Ville.	Provence.

Feuilles.			Provinces.
S. de la 18e. Fle.	Cuers.	Bourg.	Provence.
	Cette.	Fort.	Languedoc.
	Castres.	Ville.	Languedoc.
	Carcassone.	Ville.	Languedoc.
	Collioure.	Fort.	Roussillon.

D

Feuilles.			Provinces.
2e. Fle. 3 F.	DOurdan.	Ville.	IsledeFrance.
4 F.	Danguillon.	Bourg.	Berri.
	Donzy.	Bourg.	Nivernois.
5 F.	Damvillers.	Ville.	Lorraine.
6 F.	Darnay.	Bourg.	Lorraine.
	Dannemoine.	Bourg.	Champagne.
	Dampierre.	Bourg.	Frâche-Côté.
8 F.	Dienville.	Ville.	Champagne.
	Doulevent.	Ville.	Champagne.
10 F.	Ducler.	Ville.	Normandie.
	Dives.	Ville.	Normandie.
	Damville.	Ville.	Normandie.
14 F.	Dinant.	Ville.	Bretagne.
	Dol.	Ville.	Bretagne.
15 F.	Durtal.	Ville.	Anjou.
	Dorat.	Ville.	La Marche.
16 F.	Damazan.	Ville.	Bazadois.
	Dax.	Ville.	Gascogne.
	Duravelle.	Bourg.	Quercy.
17 F.	Douzenac.	Ville.	Limousin.
	Dorat.	Bourg.	La Marche.
18 F.	Draguignan.	Bourg.	Provence.
	Digne. ×	Ville.	Provence.

E

Feuilles.			Provinces.
4e. Fle.	EGreville.	Bourg.	Orléanois.
	Entrain.	Ville.	Bourgogne.
5 F.	Estain.	Ville.	Lorraine.
8 F.	Eclaron.	Ville.	Champagne.
10 F.	Estaire.	Bourg.	Flandre.
	Elboeuf.	Ville.	Normandie.
	Evrecy.	Bourg.	Normandie.
14 F.	Ernée.	Bourg.	Le Maine.
15 F.	Essarts (les).	Bourg.	Poitou.
16 F.	Eaure.	Bourg.	Armagnac.
17 F.	Embrun. ×	Ville.	Dauphiné.
18 F.	Entrevaux.	Bourg.	Provence.
	Elne.	Bourg.	Roussillon.

F

Feuilles.			Provinces.
6e. Fle.	F (la) Erté Aleps	Ville.	IsledeFrance.
	Flavigny.	Bourg.	Bourgogne.
	Furckheim.	Ville.	Alsace.
7 F.	Fere en Tartenois.	Bourg.	Brie.
	Fauquemot.	Bourg.	Lorraine.
	Forbach.	Bourg.	Lorraine.
	Fribourg. ×	Ville.	Brisgaw.
9 F.	Fere (la).	Ville.	Picardie.
10 F.	Fournhen.	Bourg.	Flandre.
	Fruges.	Bourg.	Artois.
	Fervacque.	Bourg.	Normandie.
14 F.	Faouet (le).	Bourg.	Bretagne.
	Fougeres.	Bourg.	Bretagne.
15 F.	Fontenay.	Ville.	Poitou.
	Force (la).	Bourg.	Perigord.
	Fleche (la).	Ville.	Anjou.
16 F.	Fontarabie.	Ville.	Basques.
	Fleurence.	Bourg.	Armagnac.
	Fesensac.	Bourg.	Armagnac.
17 F.	Felletin.	Bourg.	Limosin.
	Feurs. ×	Bourg.	Lyonnois.
18 F.	Forçalquier.	Ville.	Provence.
	Frejus.	Ville.	Provence.

G

Feuilles.			Provinces.
2e. Fle.	GUé de Logroy.	Bourg.	Beauce.
3 F, 4 F.	Gien. ×	Ville.	Orléannois.
5 F.	Gorze.	Bourg.	Lorraine.
	Gondrecourt. / Godrecourt.	Bourg.	Lorraine.
6 F.	Gy.	Bourg.	Franch.Côté.
	Gray.	Ville.	Frâche Côté.
	Grancez.	Bourg.	Champagne.
	Giromagny.	Bourg.	Alsace.
	Gerbeviller.	Ville.	Loraine.
	Guemar.	Bourg.	Alsace.
7 E.	Gandelu.	Bourg.	Brie.
	Givet la Ville.	Ville.	Hainaut.
	Givet N. D.	Ville.	Hainaut.
10 F.	Gorgne.	Bourg.	Flandre.
	Gerberoy.	Bourg.	Normandie.
	Gournay.	Bourg.	Normandie.
	Gisors.	Ville.	Normandie.
	Granville.	Ville.	Normandie.

Suite de G.

Feuilles.			Provinces.
14e. Fle.	Granville.	Ville.	Normandie.
	Guingamp.	Ville.	Bretagne.
	Guers.	Bourg.	Bretagne.
	Guémené.	Bourg.	Bretagne.
	Guerande.	Bourg.	Bretagne.
15 F.	Guerche (la).	Bourg.	Bretagne.
	Garnache(la).	Bourg.	Poitou.
	Gimont.	Bourg.	Saintonge.
16 F.	Gironde.	Bourg.	Bazadois.
	Grizolles.	Bourg.	Languedoc.
	Grenade.	Bourg.	Marsan.
	Gabaret. ×	Bourg.	Armagnac.
17 F.	Gannat.	Bourg.	Bourbonnois.
	Grenoble.	Ville.	Dauphiné.
	Gueret. ×	Bourg.	La Marche.
18 F.	Grace.	Ville.	Provence.
	Glandeves.	Ville.	Provence.
	Giniac. ×	Bourg.	Languedoc.

H.

Feuilles.			Provinces.
4e. Fle.	H Enriche-mont.	Bourg.	Berri.
6 F.	Haroue.	Bourg.	Lorraine.
	Huningue.	Ville.	Alsace.
9 F.	Hazébrouck.	Bourg.	Artois.
	Hennin.	Bourg.	Artois.
	Harbonnieres.	Bourg.	Picardie.
10 F.	Huquelieres.	Bourg.	Artois.
	Hondtschoote.	Bourg.	Flandre.
	Hesdin.	Ville.	Picardie.
	Houdain.	Bourg.	Artois.
	Honfleur.	Ville.	Normandie.
	Hômes (les).	Bourg.	Normandie.
14 F.	Hennebond.	Bourg.	Bretagne.
15 F.	Herisson.	Bourg.	Poitou.
18 F.	Hiers.	Ville.	Provence.

I J.

Feuilles.			Provinces.
2e. Fle.	I Lliers.	Bourg.	Beauce.
3 F.	Jargeau.	Ville.	Orléanois.
4 F.	Irancy.	Bourg.	Bourgogne.
5 F.	Jametz.	Bourg.	Clermontois.
6 F.	Jonvelle.	Bourg.	Frâche-Côté.
	Is.	Ville.	Bourgogne.
8 F.	Juffey.	Bourg.	Franch.Côté.
15 F.	Jarnac.	Ville.	Angoumois.

Feuilles.			Provinces.
16e. Fle.	Jugun.	Bourg.	Armagnac.
17 F.	Issoir.	Bourg.	Auvergne.

L.

Feuilles.			Provinces.
4e. Fle.	L Igny.	Bourg.	Champagne.
6 F.	Luistre.	Bourg.	Champagne.
	Lorach.	Ville.	Suisse.
7 F.	Landeau.	Ville.	Alsace.
9 F.	Lihons.	Ville.	Picardie.
10 F.	Licque.	Ville.	Boulonnois.
	Luchevy.	Bourg.	Picardie.
	Lyons.	Bourg.	Normandie.
14 F.	Lambale.	Ville.	Bretagne.
	Lannion.	Ville.	Bretagne.
	Lanmeur.	Ville.	Bretagne.
	Landivisiau.	Bourg.	Bretagne.
	Landerneau.	Bourg.	Bretagne.
	Lesneven.	Ville.	Bretagne.
	Locrenau.	Bourg.	Bretagne.
	Laval.		
15 F.	Laval.	Ville.	Maine.
	Luçon.	Ville.	Poitou.
	Luine.	Bourg.	Touraine.
	Langets.	Ville.	Touraine.
	Lude.	Bourg.	Maine.
	Loche.	Ville.	Touraine.
	Lusignant.	Ville.	Poitou.
	Limoges.	Ville.	Limosin.
	Libourne.	Ville.	Bordelois.
	Lespare.	Bourg.	Bordelois.
	Loudun. ×	Ville.	Anjou.
	Lion-Dangers ×	Ville.	Anjou.
16 F.	Langon.	Bourg.	Bazadois.
	Lusignan.	Bourg.	Agenois.
	Lectoure.	Ville.	Agenois.
	Lescar.	Ville.	Béarn.
	Lisle.	Bourg.	Cominges.
	Lombez.	Ville.	Cominges.
	Lauserte. ×	Bourg.	Quercy.
17e. Fle.	Limoges.	Ville.	Limosin.
	Lion.	Ville.	Lyonnois.
	Lent.	Bourg.	Dombes.
	Liberfat.	Bourg.	Limosin.
18 F.	Lunel.	Bourg.	Languedoc.
	Lambes.	Ville.	Provence.
	Lodeve. ×	Ville.	Languedoc.
	Limoux. ×	Ville.	Languedoc.
	Lodun.	Bourg.	Vivarais.

B

Feuilles.	M.		Provinces.
3ᵉ.Fle.	Montlhery.	Ville.	Isle de France.
	Malesherbes.	Ville.	Beauce.
4 F.	Malesherb.		
	Montbart.	Ville.	Bourgogne.
	Melun.	Ville.	Isle de France.
	Mailly.	Bourg.	Bourgogne.
6 F.	Marche (la).	Ville.	Lorraine.
	Mirebeau.	Ville.	Bourgogne.
	Marnay.	Ville.	Frâche-Côté.
	Montbard.	Ville.	Bourgogne.
7 F.	Maubeuge.	Ville.	Hainaut.
	Moncornet.	Ville.	Thiérache.
	Mariembourg.	Ville.	Hainault.
	Marle.	Ville.	Thiérache.
	Montmedy.	Ville.	Lorraine.
	Marville.	Ville.	Lorraine.
8 F.	Môtiérender.	Bourg.	Champagne.
9 F.	Marchiennes.	Ville.	Flandre.
	Menin.	Ville.	Pays-Bas.
10 F.	Moreuil.	Ville.	Picardie.
	Montdidier.	Ville.	Picardie.
	Marigny.	Bourg.	Normandie.
	Maineville.	Bourg.	Normandie.
	Meru.	Bourg.	Isle de France.
	Marine.	Bourg.	Isle de France.
	Maify.	Bourg.	Normandie.
	Montebourg.	Ville.	Normandie.
	Mortagne. ×	Ville.	Normandie.
	Mézidon. ×	Ville.	Normandie.
14 F.	Mortain.	Ville.	Normandie.
	Matignon.	Ville.	Bretagne.
	Morlaix.	Ville.	Bretagne.
	Moncontour.	Bourg.	Bretagne.
	Maleftroit.	Bourg.	Bretagne.
15ᵉ.Fle.	Martigné.	Bourg.	Bretagne.
	Machecou.	Bourg.	Bretagne.
	Mans (le).	Ville.	Maine.
	Malicorne.	Bourg.	Maine.
	Mareuil.	Ville.	Poitou.
	Maillezais.	Bourg.	Poitou.
	Marans.	Bourg.	Aunis.
	Mofay.	Bourg.	Saintonge.
	Moife.	Bourg.	Aunis.
	Marennes.	Ville.	Aunis.
	Mortagne.	Bourg.	Saintonge.
	Mirambeau.	Bourg.	Saintonge.
	Médoc.	Bourg.	Bordelois.
	Montpont.	Bourg.	Périgord.

Feuilles.			Provinces.
	Mucidon.	Bourg.	Périgord.
	Mareuil.	Bourg.	Périgord.
	Môt-Morillon.	Ville.	Poitou.
	Montaigu.	Ville.	Poitou.
	Mortagne. ×	Ville.	Poitou.
	Mauléon. ×	Ville.	Poitou.
	Môt-Soreau. ×	Ville.	Saumurois.
S. de la 15ᵉ.Fle.	Martizai. ×	Bourg.	Touraine.
	Magnac. ×	Ville.	Marche.
	Mezier. ×	Bourg.	Touraine.
	Mirebeau. ×	Ville.	Saumurois.
	Mont Saint-Savin. ×	Bourg.	Poitou.
	Montreuil. ×	Ville.	Anjou.
	Motte (la). ×	Bourg.	Poitou.
	Mortemar. ×	Ville.	Marche.
	Mont-Bron. ×	Bourg.	Angoumois.
	Marton. ×	Bourg.	Angoumois.
16 F.	Marfan.	Ville.	Marfan.
	Mas (le).	Bourg.	Bazadois.
	Marmande.	Bourg.	Agenois.
	Magiftere (la).	Bourg.	Agenois.
	Moiffac.	Ville.	Quercy.
	Mont-Auban.	Ville.	Quercy.
	Montech.	Bourg.	Languedoc.
	Miremont. ×	Bourg.	Quercy.
	Muret. ×	Ville.	Cominges.
17 F.	Moulin.	Ville.	Bourbonnois.
	Maignac.	Ville.	Limofin.
	Morterol.	Ville.	Limofin.
	Moiffiac.	Bourg.	Auvergne.
	Marfigny.	Ville.	Bourgogne.
	Mâcon.	Ville.	Bourgogne.
	Mont-Luet.	Ville.	Breffe.
	Mont-Briffon.	Ville.	Forez.
	Moirans.	Bourg.	Dauphiné.
	Marfenac. ×	Bourg.	Auvergne.
	Murat. ×	Bourg.	Auvergne.
	Monpenfier. ×	Ville.	Auvergne.
	Maringues. ×	Bourg.	Auvergne.
	Mande. ×	Ville.	Languedoc.
18 F.	Montdragon.	Ville.	Valentinois.
	Montbrun.	Bourg.	Dauphiné.
	Montpellier.	Ville.	Languedoc.
	Marfeille.	Ville.	Provence.

N.

Feuilles.			Provinces.
2ᵉ.Fle.	Nogent.	Ville.	Perche.
3 F.	Neuville.	Bourg.	Orléanois.

Feuilles.	s. de N.		Provinces.
4e. Fle	Neury.	Bourg.	Champagne.
	Noyers.	Bourg.	Bourgogne.
	Niderheim.	Ville.	Alsace.
6 F.	Neuf-Château.	Ville.	Lorraine.
	Nogent.	Bourg.	Bassigny.
7 F.	Neuf-Châtel.	Ville.	Laonois.
	Neuf-Château.	Ville.	Lorraine.
	Notre-Dame de Liesse.	Ville.	Laonois.
10 F.	Neuf-Bourg-Orbie. ×	Bourg. / Ville.	Normandie.
	Notre-Dame de la Délivrance.	Bourg.	Normandie.
14 F.	Nantes.	Ville.	Bretagne.
15 F.	Nantes.	Bourg.	Bretagne.
	Nosay.	Bourg.	Bretagne.
	Nontron.	Bourg.	Angoumois.
16 F.	Nogaro.	Bourg.	Armagnac.
18 F.	Nismes.	Ville.	Languedoc.
	Narbonne.	Ville.	Languedoc.
	Nice.	Ville.	Piémont.

O.

Feuilles.			Provinces.
3e. Fle	OLivet.	Bourg.	Orléanois.
	Ozouer.	Bourg.	Orléanois.
4 F.	Ouanne.	Bourg.	Bourgogne.
	Ouzouer.	Bourg.	Orléanois.
9 F.	Orchie.	Ville.	Flandre.
14 F.	Orient (l').	Ville.	Bretagne.
15 F.	Oleron.	Isle.	Aunis.
	Olonne.	Fort.	Poitou.
16 F.	Oleron. ×	Bourg.	Béarnois.
	Orthez.	Ville.	Béarnois.
17 F.	Ortan.	Bourg.	Franche Côté.
18 F.	Orange.	Ville.	Vénaissin.

P.

Feuilles.			Provinces.
3e. Fle	Pithiviers.	Ville.	Gâtinois.
4 F.	Poix.	Bourg.	Bourgogne.
5 F.	Pont-à-Mousson.	Ville.	Lorraine.
6 F.	Pesme.	Ville.	Franche-Côté.
	Pontœillier.	Ville.	Bourgogne.
7 F.	Philippeville.	Ville.	Hainaut.
8 F.	Plancy.	Bourg.	Champagne.
9 F.	Puperinge.	Bourg.	Flandre.

Feuilles.			Provinces.
10e. Fle	Pas.	Bourg.	Picardie.
	Poix.	Bourg.	Amiénois.
	Pacy.	Bourg.	Normandie.
	Pont-Aude-mer.	Ville.	Normandie.
	Pont-l'Evêque.	Ville.	Normandie.
	Pieux (les).	Ville.	Normandie.
14 F.	Pont-Orson.	Ville.	Normandie.
	Pont-Farcy.	Bourg.	Normandie.
	Ploemel.	Bourg.	Bretagne.
	Port-Louis.	Ville.	Bretagne.
	Pont-Croix.	Bourg.	Bretagne.
	Pont-Château.	Bourg.	Bretagne.
	Pouliguen.	Bourg.	Bretagne.
15 F.	Poitiers.	Ville.	Poitou.
	Périgueux.	Ville.	Périgord.
	Partenay. ×	Ville.	Saumurois.
	Pouzanges. ×	Bourg.	Poitou.
	Paluau. ×	Bourg.	Poitou.
16 F.	Pau.	Ville.	Béarn.
	Palais.	Ville.	Béarn.
17 F.	Pont-Gibaut.	Bourg.	Auvergne.
	Pont.	Bourg.	Auvergne.
	Puy (le).	Ville.	Vélay.
	Pradelles. ×	Bourg.	Languedoc.
	Palisse. ×	Bourg.	Bourbonnois.
18 F.	Pont-Saint-Esprit.	Ville.	Valentinois.
	Pezenas.	Ville.	Languedoc.
	Perpignan.	Ville.	Roussillon.
	Palme (la).	Bourg.	Languedoc.
	Pertuis. ×	Bourg.	Provence.

Q.

Feuilles.			Provinces.
9e. Fle	Quénoy (le).	Ville.	Hainaut.
14 F.	Quintin.	Bourg.	Bretagne.
	Quimperlay.	Ville.	Bretagne.
	Quimpercorentin.	Ville.	Bretagne.
	Quintambert.	Bourg.	Bretagne.

R.

Feuilles.			Provinces.
2e. Fle	ROchefort.	Ville.	Isle de France.
6 F.	Recey.	Bourg.	Bourgogne.
	Remberviller.	Ville.	Lorraine.
	Rosheim.	Ville.	Alsace.

Feuilles.	S. de R.		Provinces.
7e.Fle	Rumigny.	Ville.	Champagne.
	Roſoy.	Ville.	Thiérache.
	Revin.	Ville.	Hainaut.
9 F.	Ronbaix.	Bourg.	Flandre.
10 F.	Rouſbrugge.	Bourg.	Flandre.
	Reully.	Bourg.	Normandie.
14 F.	Roſtrenau.	Bourg.	Bretagne.
	Roſpordeh.	Ville.	Bretagne.
	Rohan.	Bourg.	Bretagne.
	Roche-Bernard (la).	Bourg.	Bretagne.
	Rhedon.	Bourg.	Bretagne.
	Rennes.		
	Rennes.	Ville.	Bretagne.
15 F.	Rochelle (la).	Ville.	Aunis.
	Rochefort.	Ville.	Aunis.
	Rhédon.	Bourg.	Bretagne.
	Royan.	Bourg.	Saintonge.
	Rochechouart.	Ville.	Poitou.
	Rochefoucaut.	Ville.	Angoumois.
	Richelieu. x	Ville.	Saumurois.
	Romorentin, x	Ville.	Orléanois.
16 F.	Roquefort.	Ville.	Marſan.
	Rions.	Bourg.	Guyenne.
	Réole (la).	Bourg.	Bazadois.
	Revel.	Bourg.	Languedoc.
	Rieux.	Ville.	Comminge.
17 F.	Riom,	Ville.	Auvergne.
	Roanne,	Ville.	Lyonnois.
	Romans,	Bourg	Dauphiné.
	Rhodes. x	Ville.	Languedoc.
18 F.	Riveſaltes.	Ville.	Rouſſillon.
	Riez. x	Ville.	Provence.

S.

Feuilles.			Provinces.
3e.Fle	S Origny.	Bourg.	Touraine.
4 F.	Saint-Floren-tin.	Ville.	Champagne.
	Semur.	Ville.	Bourgogne.
	Saint-Julien,	Bourg.	Champagne.
	Saint-Fargea	Bourg.	Bourgogne.
	Sancerre.	Ville.	Berri.
	Saint-Gon-don.	Ville. Bourg.	Orléanois.
5 F.	Saint-Mihiel.	Ville.	Lorraine.

Feuilles.			Provinces.
6e.Fle	Semur.	Ville.	Bourgogne.
	Senones.	Ville.	
	Saint-Loup.	Bourg.	Franch.Côté.
	Saint-Hippo-lyte.	Bourg.	Frache-Côté.
7 F.	Saint-Mihiel.	Ville.	Lorraine.
	Sarrebruck.	Ville.	Naſſau.
	Sarreguemine.	Ville.	Lorraine.
	Sarre-Albe,	Ville.	Lorraine.
	Saint-Avold.	Ville.	Lorraine.
8 F.	Sommevoir.	Ville.	Champagne.
	Soulaines.	Bourg.	Champagne.
9 F.	Saint-Venant.	Ville.	Artois.
	Saint-Amand.	Ville.	Flandre.
	Soleſmes.	Bourg.	Flandre.
	Saint-Gobain.	Bourg.	Picardie.
10 F.	Sailly.	Bourg.	Flandre.
	Saint-Riquier.	Bourg.	Amiénois.
	Songeon.	Bourg.	Normandie.
	Saint-Pierre-Eglise.	Bourg.	Normandie.
	Saint-Pierre-Sur-Dive. x	Ville.	Normandie.
	Saint-Sylvin. x	Ville.	Normandie.
	Saint-Julien.	Bourg.	Normandie.
	Saint-Lo.		
	Saint-Lo.	Ville.	Normandie.
14 F.	Saint-James.	Ville.	Normandie.
	Saint-Hilaire.	Bourg.	Normandie.
	Saint-Malo.	Ville.	Bretagne.
	Saint-Brieu.	Ville.	Bretagne.
	Saint-Paul de Léon.	Ville.	Bretagne.
	Saint-Nazaire,	Bourg.	Bretagne.
15 F.	Sablé.	Bourg.	Maine.
	Saumur.	Ville.	Saumurois.
	Sainte-More.	Ville.	Touraine.
	Saint-Maixent.	Bourg.	Poitou.
	Saint-Herme.	Bourg.	Poitou.
	Saint-Gilles.	Bourg.	Poitou.
	Soubiſe.	Ville.	Aunis.
	Saint-Martin.	Ville.	Iſle de Rhé.
	Saint-Savinien,	Bourg.	Saintonge.
	Saintes.	Ville.	Saintonge.
	Saint-Junien.	Ville.	Limoſin.
	Saint-Eſtephe.	Bourg.	Bordelois.
	Soulac.	Fort.	Bordelois.
	Sainte-Foy.	Ville.	Périgord.
	St. Germain. x	Ville.	Marche.

S. de S.

Feuilles.	S. de S.		Provinces.
6e Fle.	Saint-Jean de Luz.	Ville.	Basques.
	St. Macaire.	Ville.	Guienne.
	Souillac.	Ville.	Quercy.
	Sarlat.	Ville.	Périgord.
	St. Bertrand.	Ville.	Cominges.
	St. Gaudens.	Ville.	Nébouïan.
	St. Lizier. ×	Bourg.	Conserans.
7 F.	Souillac.	Ville.	Quercy.
	Saint-Flour.	Ville.	Auvergne.
	Semur.	Bourg.	Bourgogne.
	St. Germain.	Bourg.	Lyonnois.
	St. Marcellin.	Bourg.	Forez.
	St. Chamond.	Bourg.	Forez.
	St. Etienne.	Ville.	Forez.
	St. Pourçain.	Bourg.	Auvergne.
	St. Guerand.	Bourg.	Bourbonnois.
	St. Gervais. ×	Bourg.	Auvergne.
	St. Junien. ×	Ville.	Limosin.
	Saussilange. ×	Bourg.	Auvergne.
	St. Agreve. ×	Ville.	Languedoc.
	St. Claude. ×	Ville.	Frâche-Côté.
	St. Marcellin.	Ville.	Dauphiné.
18 F.	Sisteron.	Ville.	Provence.
	Sault.	Bourg.	Provence.
	Saint-Remy.	Bourg.	Provence.
	Saint-Gilles.	Bourg.	Languedoc.
	St. Guillem.	Bourg.	Languedoc.
	Saint-Jean.	Bourg.	Languedoc.
	Salces.	Bourg.	Roussillon.
	Salon.	Bourg.	Provence.
	St. Maximin.	Ville.	Provence.
	Souliers.	Bourg.	Provence.
	St. Tropez.	Ville.	Provence.
	Saint-Pol.	Bourg.	Provence.
	Senez. ×	Ville.	Provence.
	Saint-Pons. ×	Ville.	Languedoc.

T.

Feuilles.			Provinces.
5e Fle.	THiaucourt.	Bourg.	Lorraine.
6 F.	Thilchatel.	Bourg.	Bourgogne.
10 F.	Toucques.	Bourg.	Normandie.
	Thorigny.	Bourg.	Normandie.
	Tatihou, ou La Hougue.	Ville.	Normandie.
14 F.	Torigny.	Bourg.	Normandie.
	Treguier.	Ville.	Bretagne.
15 F.	Tours.	Ville.	Touraine.

Feuilles.			Provinces.
16e Fle.	Testes.	Bourg.	Guienne.
	Tonneins.	Bourg.	Agénois.
	Toulouse.	Ville.	Languedoc.
	Tartas.	Ville.	Gascogne.
	Tarbe.	Ville.	Bigorre.
	Tournay. ×	Ville.	Nébouïan.
17 F.	Tulle.	Ville.	Limosin.
	Thiers.	Ville.	Auvergne.
	Tarrare.	Bourg.	Lyonnois.
	Trevoux.	Ville.	Dombes.
	Terrasson. ×	Ville.	Limosin.
18 F.	Tarascon.	Ville.	Provence.
	Toulon.	Ville.	Provence.

U. V. W.

Feuilles.			Provinces.
18e Fle.	UZès.	Ville.	Languedoc.
3e Fle.	VEndôme.	Ville.	Orléanois.
4 F.	Vezelay.	Bourg.	Bourgogne.
	Varzy.	Bourg.	Nivernois.
5 F.	Varennes.	Ville.	Clermontois.
	Vaubecourt.	Bourg.	Clermontois.
6 F.	Vittel.	Bourg.	Lorraine.
	Villersevel.	Bourg.	Frâche-Côté.
7 F.	Virton.	Ville.	Luxembourg.
10 F.	Venthie.	Bourg.	Flandre.
	Villiers grand.	Ville.	Normandie.
	Villers.	Ville.	Normandie.
	Vire.	Ville.	Normandie.
14 F.	Vire.	Ville.	Normandie.
	Villers.	Ville.	Normandie.
	Ville-Dieu. la	Ville.	Normandie.
	Vitré.	Ville.	Bretagne.
	Vannes.	Ville.	Bretagne.
15 F.	Vitré.	Ville.	Bretagne.
	Ville-Dieu (la).	Bourg.	Poitou.
	Vallette (la).	Bourg.	Angoumois.
	Vauvant.	Bourg.	Poitou.
16 F.	Valence.	Bourg.	Agenois.
	Ville-Franche.	Ville.	Languedoc.
	Vic.	Ville.	Bigorre.
	Ville-Frâche. ×	Ville.	Périgord.
17 F.	Verneuil.	Bourg.	Bourbonnois.
	Verpillieres.	Bourg.	Dauphiné.
	Valence.	Ville.	Valentinois.
18 F.	Vaison.	Ville.	Vénaissin.
	Vence.	Ville.	Provence.
	Vabre.	Ville.	Languedoc.
	WEissenbourg.	Ville.	Alsace.

AVIS.

LE sieur DESNOS avertit que ceux qui ont acheté le premier Volume dans le temps qu'il a commencé à paroître, & qui n'auront pas eu le Supplément du Catalogue desdites Routes, ainsi que les cinq Cartes nouvelles qui ont été gravées depuis, numérotées 14, 15, 16, 17, & 18, en rapportant leur Exemplaire, recevront gratuitement ces Cartes & le Supplément du Catalogue, qui contient 10 pages, afin d'avoir l'Ouvrage complet, tel qu'il est actuellement.

Le second Volume de toutes les Routes des Royaumes Etrangers, qui se vendra séparément de celui-ci, paroîtra dans peu, & sera du même prix pour ceux qui se seront fait inscrire après avoir pris ce premier Volume; & ce second Volume coûtera 6 liv. de plus à ceux qui voudront l'avoir séparément. Plusieurs de ces mêmes Routes se vendent actuellement.

On trouve encore chez le sieur Desnos un autre Ouvrage qui a pour titre : ATLAS de la France divisée en ses Gouvernements Militaires & en ses Généralités, subdivisée en toutes ses Provinces & petits Pays : par M. J. D. B. M. D. Revu & corrigé par différents Auteurs dont les Ouvrages sont aussi connus qu'estimés; en 1765; avec toutes les Routes & Chemins de communication d'un endroit à l'autre, & les distances en lieues d'usage dans chaque Province. Ouvrage très-utile aux Commerçants & aux Voyageurs. Quoique ce Volume n'ait pas l'avantage de la Topographie & du Burin des Graveurs modernes, à l'exception d'un certain nombre de Cartes, il intéresse, en ce qu'on voit d'un coup d'œil l'étendue & les bornes de chaque Gouvernement & de chaque Généralité, indépendamment des Routes & des Rivieres navigables. Les Cartes sont proprement lavées & enluminées à la maniere Hollandoise. Ce dernier Volume est du même prix que les précédents.

FIN.